泸州市图书馆藏线装书图录

（经部）

主　编◎黄善容
副主编◎李　波　刘　尉　陈礼萍
编　辑◎周成荣　罗　莉　胡　敏
张　艳　冯雯婷

西南交通大学出版社
·成　都·

图书在版编目（CIP）数据

泸州市图书馆藏线装书图录. 经部 / 黄善容主编
. —成都：西南交通大学出版社，2022.12
ISBN 978-7-5643-8983-3

Ⅰ. ①泸… Ⅱ. ①黄… Ⅲ. ①公共图书馆－线装－古籍－图书目录－泸州 Ⅳ. ①Z838

中国版本图书馆 CIP 数据核字（2022）第 204378 号

Luzhou Shi Tushuguancang Xianzhuangshu Tulu (Jingbu)
泸州市图书馆藏线装书图录（经部）
主编 黄善容

责任编辑	赵永铭
助理编辑	邵莘越
封面设计	墨创文化
出版发行	西南交通大学出版社 （四川省成都市金牛区二环路北一段 111 号 西南交通大学创新大厦 21 楼）
发行部电话	028-87600564　028-87600533
邮政编码	610031
网址	http://www.xnjdcbs.com
印刷	四川煤田地质制图印务有限责任公司
成品尺寸	185 mm × 260 mm
印张	10.75
字数	241 千
版次	2022 年 12 月第 1 版
印次	2022 年 12 月第 1 次
书号	ISBN 978-7-5643-8983-3
定价	58.00 元

本书编委会

前言

泸州，古称“江阳”，别称酒城、江城，为全国历史文化名城。自西汉景帝六年（公元前 151 年）封苏嘉为江阳侯，在长江与沱江交汇处（今泸州市江阳区）设置江阳侯国，至今已有两千多年的历史。自宋代以来，泸州凭借独特的地理位置，发展成为川滇黔渝贸易物资集散之地，被称为“西南要会”；明清以来，泸州成为西南各地的重要港口，更是茶马古道的关键节点所在，泸州在全国经济、政治地位上升。1952 年泸州成为川南人民行署所在地。经济的发展促进了文化的繁荣，泸州积累了深厚的文化底蕴和丰富的人文历史。1952 年，泸州作为川南人民行署所在地，率先建立起了一座图书馆——川南人民图书馆（泸州市图书馆前身），当时川南地区大量珍贵文献都汇集于图书馆，使泸州市图书馆成为全省古籍文献的收藏大馆。

泸州市图书馆拥有古籍 10 万余册，其中善本 5 000 余册，主要为明清善本，进入国家珍贵名录的有 2 种、进入四川省古籍珍贵名录的有 5 种。2009 年被国务院授予“全国古籍重点保护单位”称号，其古籍藏量和质量在省内地市州公共图书馆中名列前茅。泸州市图书馆以弘扬中华优秀传统文化，保护古典珍贵文献为己任。在国家启动中华古籍保护计划以来，继续坚持加强对馆藏文献的整理和开发力度，完成了馆藏线装古籍文献的全面清理和登记。同时，图书馆人依托丰富的馆藏，特别注重古籍的研究与利用，不仅建立起多样、特色的古籍全文检索系统，而且深入揭示典籍中的文化内涵，开发出版了多种专业研究文献。

在 70 年的历史沧桑中，泸州市图书馆的几代人对馆藏的各类古籍文献保留着一份特有的热忱，在日积月累的修复和整理中，出版一部真实反映泸州市图书馆藏品特色，展现泸州文化的线装书图录是几代图书馆人的夙愿。现《泸州市图书馆藏线装书图录》(经部)终于面世。该书收录了馆藏线装书中经部书目凡 1 102 条，拍摄书影 50 张。这些文献中编印时间最早为明代，最晚为中华人民共和国成立后，有刻本、铅印本、石印本、影印本等多种版本形式，就其内容来看，有诗、书、礼、易、春秋、小学等。这些珍贵文献是历代有识之士潜心研究的心血成果，反映了中国古代人们的勤劳、智慧、勇敢的品质，其中许多文献即使放在今天也有一定的现实意义。此书的出版，将是对泸州市图书馆古籍珍品的一次展示，其目的是让更多的读者走近古籍、了解古籍，引起全社会对古籍的广泛关注，使中国传统文化的薪火世代相传!

编　者

2022 年 6 月

凡例

一、收录范围

泸州市图书馆藏古籍经部线装书和部分民国版经部线装书。

二、著录款项

包括：索书号、分类、题名卷数、著者、版本（类型和年代）、册数、版式、存卷，另附50种书目提要和书影。

三、著录原则

以《全国古籍普查登记手册·汉文古籍著录规则》为著录依据，客观登记，规范严谨描述。

1. 索书号：为便于厘清家底，同一种书若有多个藏本，著录为不同索书号。

2. 分类：依据《汉文古籍分类表》，遵循“分类到位”原则。

3. 题名卷数：古籍题名以首卷卷端所题为准，民国线装书题名以版权页为准。如无版权页，则参照古籍著录方式。卷数为原书应有卷数。

4. 著者：著者、主编在前，编纂者在后，若著者有多人，则只列主要著者二至三人，后加“等”字。民国以前的著者前有朝代名，以卒年为依据。著者无法考证的，以“□□”表示；域外著者姓名前冠以该国国名。

5. 版本：包括出版年（以朝代名及年号纪年表示，辛亥革命后用民国纪年）、出版者、出版地、版本类型。

6. 册数：各条目现存册数。

7. 版式：包括各条目板框尺寸、行格字数、书口、边框、鱼尾。若每册书的版式不同，依原书著录；部分无板框等传统版式内容的则不著录。

8. 存卷：按馆藏实际卷数列此项。

9. 提要：甄选馆藏善本及特色文献50种为例。

四、排列顺序

书目以索书号顺序排列。

五、索引编排

书名索引，依汉语拼音首字母排序。

目录

一 馆藏古籍（经部）书目

0001　经言拾遗十四卷
（清）徐文靖撰
清乾隆二十年（1755）刻本　2 册
经部/群经总义类　9 行 19 字小字双行同白口四周单边单鱼尾

0002　周易四卷
（宋）朱熹本义
清咸丰元年（1851）刻本　2 册
经部/易类　9 行 17 字小字双行同白口四周单边

0003　易传三卷
（汉）京房著　（后周）吕林育校
清刻本　1 册
经部/易类　9 行 20 字小字双行同白口四周单边单鱼尾

0004　大易床头私录二卷
（清）董懋　（清）孝奕甫订
清光绪三十二年（1906）董氏家塾刻本　1 册
经部/易类　10 行 21 字单行黑口四周单边单鱼尾

0005　参同契三卷
（汉）魏伯阳撰
清道光三十年（1850）刻本　1 册
经部/易类　8 行 20 字小字双行同白口四周双边单鱼尾

0006　参同契三卷
（汉）魏伯阳撰
清道光三十年（1850）刻本　1 册
经部/易类　8 行 20 字小字双行同白口四周双边单鱼尾

0007　断易大全三卷
（先秦）鬼谷先生著
清嘉庆十三年（1808）刻本　3 册
经部/易类　12 行 32 字小字双行同白口四周单边单鱼尾

0008　断易大全三卷
（清）傅恒编
清道光十八年（1838）刻本　9 册
经部/易类　8 行 19 字单行白口四周双边单鱼尾

0009　易宪四卷
（明）沈泓撰
清光绪十四年（1888）卓氏刻本　3 册
经部/易类　11 行 23 字小字双行同白口四周单边单鱼尾

0010　周易或问六卷
（清）文天骏著
清光绪十一年（1885）黔南家塾刻本　6 册
经部/易类　9 行 22 字黑口四周单边单鱼尾

0011　周易注疏十三卷
（魏）王弼注　（唐）孔颖达疏
清同治十年（1871）广东书局武英殿刻本　5 册
经部/易类　10 行 21 字小字双行同白口四周单边单鱼尾

0012　易经精华六卷末一卷
（清）薛嘉颖撰
清光绪十六年（1890）富顺汲古斋刻本　4 册
经部/易类　11 行 16 字小字双行同白口四周单边单鱼尾版心有字“古香阁”

0013　易经精华六卷末一卷
（清）薛嘉颖撰
清光绪十六年（1890）富顺汲古斋刻本　5 册

经部/易类　11 行 16 字小字双行不同白口四周单边单鱼尾版心有字“治经堂”

0014　易经精华六卷末一卷
（清）薛嘉颖撰
清光绪治经堂刻本　3 册
经部/易类　11 行 16 字小字双行不同白口四周单边单鱼尾版心有字“治经堂”

0015　易经精华六卷末一卷
（清）薛嘉颖撰
清光绪十年（1885）古香阁刻本　4 册
经部/易类　11 行 16 字小字双行不同白口四周单边单鱼尾版心有字“治经堂”

0016　易经精华六卷末一卷
（清）薛嘉颖撰
清光绪十六年（1890）宏道堂刻本　4 册
经部/易类　11 行 16 字小字双行不同白口四周单边单鱼尾版心有字“治经堂”

0017　易经精华六卷末一卷
（清）薛嘉颖撰
清光绪十六年（1890）治经堂刻本　4 册
经部/易类　11 行 16 字小字双行不同白口四周单边单鱼尾版心有字“治经堂”

0018　易经精华六卷末一卷
（清）薛嘉颖撰
清光绪治经堂刻本　4 册
经部/易类　11 行 15 字小字双行不同白口四周单边单鱼尾版心有字“治经堂”

0019　易经备旨七卷
（清）邹圣脉辑
清光绪三十年（1904）上海文盛书局刻本 4 册
经部/易类　17 行 30 字小字双行同白口四周双边单鱼尾

0020　书经备旨七卷
（清）邹圣脉著
清光绪三十年（1904）刻本　8 册
经部/书类　17 行 30 字小字双行同白口四周双边单鱼尾

0021　古周易二卷
（宋）吕祖谦撰
清退补斋刻本　1 册
经部/易类　9 行 20 字小字双行同白口四周双边单鱼尾版心有字“退补斋藏板”

0022　易章句十二卷
（清）焦循学
清光绪二年（1876）衡阳魏氏刻焦氏丛书刻本　2 册
经部/易类　10 行 21 字小字双行同黑口四周单边　存十卷（三至十二）

0023　学易记五卷
（明）金贲亨著
清光绪二十二（1896）惜阴轩丛书刻本 2 册
经部/易类　10 行 21 字黑口四周单边单鱼尾版心有字“惜阴轩丛书”

0024　易纬二卷
（汉）郑康成撰
清刻本　1 册
经部/易类　10 行 21 字小字双行同白口四周单边单鱼尾

0025　诚斋易传二十卷
（宋）杨万里著
清光绪二十一年（1895）湖北宦书处刻本 1 册

经部/易类　9 行 21 字白口四周单边双鱼尾　存三卷（十八至二十）

0026　周易十卷
（三国魏）韩康伯注
清刻本　1 册
经部/易类　8 行 17 字小字双行同白口四周双边双鱼尾　存四卷（七至十）

0027　周易二闾记三卷
（清）茹敦和著
清光绪十四年（1888）江阴南菁书院刻本　1 册
经部/易类　11 行 24 字白口四周单边单鱼尾

0028　周易二卷
（清）王弼注
清光绪十年（1884）柚香阁刻本　1 册
经部/易类　8 行 17 字小字双行同白口四周双边双鱼尾

0029　周易六卷末一卷
（清）王弼注
清宁远堂刻本　1 册
经部/易类　10 行 24 字小字双行同白口四周单边单鱼尾　存一卷（末）

0030　周易附说二卷
（清）罗泽南著
清咸丰九年（1859）刻本　1 册
经部/易类　9 行 24 字白口四周双边单鱼尾

0031　重订周易二闾记三卷
（清）茹敦和撰
清光绪十三年（1887）会稽徐氏铸学斋刻本　1 册
经部/易类　10 行 23 字白口四周单边单鱼尾版心有字“会稽徐氏刊本”

0032　周易六卷
（清）王弼注
民国中华书局聚珍仿宋铅印本　1 册
经部/易类　8 行 20 字小字双行同白口四周双边单鱼尾　存三卷（四至六）

0033　周易本义爻征二卷
（清）吴曰慎撰
清光绪二十二年（1896）惜阴轩丛书刻本　2 册
经部/易类　10 行 21 字黑口四周单边单鱼尾版心有字“惜阴轩丛书”

0034　周易集解十七卷
（唐）李鼎祚辑
清刻本　4 册
经部/易类　10 行 21 字白口四周单边单鱼尾　存十三卷（一至十、十五至十七）

0035　周易口诀义六卷
（唐）史征撰
清刻本　1 册
经部/易类　10 行 21 字白口四周单边单鱼尾

0036　周易内传六卷
（清）王夫之撰
清同治四年（1865）金陵湘乡曾氏刻本　2 册
经部/易类　10 行 21 字黑口四周单边双鱼尾　存二卷（一、三）

0037　易经音训四卷
（清）杨国桢撰
清道光刻本　1 册
经部/易类　7 行 22 字小字双行不同白

口四周单边单鱼尾　存一卷（下）

0038　重订周易小义二卷
（清）茹敦和撰
清光绪十四年（1888）会稽徐氏铸学斋刻本　1册
经部/易类　10行23字白口四周单边单鱼尾版心有字“会稽徐氏刊本”

0039　郑氏周易注二卷
（明）王应麟集撰
清刻本　1册
经部/易类　10行21字白口左右双边单鱼尾　存一卷（上）

0040　易例辑略不分卷
（清）庞大堃撰
清光绪十四年（1888）江阴南菁书院刻本　1册
经部/易类　11行24字小字双行同白口四周单边单鱼尾

0041　周易述义十卷
（清）傅恒等撰
清乾隆二十年（1755）刻本　6册
经部/易类　8行19字白口四周双边单鱼尾

0042　周易述义十卷
（清）傅恒等撰
清乾隆二十年（1755）刻本　5册
经部/易类　8行19字白口四周双边单鱼尾　存九卷（一至六、八至十）

0043　易林十六卷
（汉）焦延寿撰
清刻本　3册
经部/易类　9行18字小字双行同白口四周单边单鱼尾　存三卷（二至四）

0044　易林十六卷
（汉）焦延寿撰
清刻本　3册
经部/易类　9行18字小字双行同白口四周单边单鱼尾

0045　周易疏九卷
（魏）王弼注
清刻本　6册
经部/易类　9行21字小字双行同白口四周单边

0046　周易爻物当名二卷
（明）黎遂球撰
清道光三十年（1850）南海伍氏粤雅堂文字欢娱室刻本　2册
经部/易类　11行21字黑口四周单边双鱼尾版心有字“粤雅堂校刊”

0047　周易略解八卷
（清）冯经撰
清道光三十年（1850）南海伍氏粤雅堂刻本　4册
经部/易类　11行22字黑口四周单边双鱼尾版心有字“粤雅堂校刊”

0048　易广记三卷
（清）焦循撰
清刻本　1册
经部/易类　10行21字黑口四周单边

0049　易话二卷
（清）焦循撰
清刻本　1册
经部/易类　10行21字黑口四周单边

0050　易林释文二卷
（清）丁宴著
清咸丰六年（1856）刻本　1册

经部/易类　13 行 21 字小字双行同白口四周双边单鱼尾

0051　易经十二卷
（宋）朱熹义
清刻本　1 册
经部/易类　9 行 17 字小字双行同白口四周单边单鱼尾　存九卷（四至十二）

0052　易音二卷
（清）宋咸熙
清嘉庆七年（1802）刻本 1 册
经部/易类　11 行 21 字小字双行同黑口四周单边双鱼尾

0053　易传三卷
（汉）京房著　（清）吕林育校
清刻本　1 册
经部/易类　9 行 20 字小字双行同白口四周单边单鱼尾

0054　来瞿唐先生易注十五卷首一卷末一卷
（明）来知德撰
清宁远堂刻本　8 册
经部/易类　9 行 22 字小字单行不同白口四周单边单鱼尾版心有字“宁远堂”存九卷（首、三至六、九至十一、末）

0055　来瞿唐先生易注十五卷首一卷末一卷
（明）来知德撰
清宁陵符永培宁远堂刻本 10 册
经部/易类　9 行 22 字白口四周双边单鱼尾版心有字“宁远堂”

0056　来瞿唐先生易注十五卷首一卷末一卷
（明）来知德撰
清世兴堂刻宁远堂刻本 10 册
经部/易类　9 行 22 字白口四周双边单鱼尾版心有字“宁远堂”

0057　来瞿唐先生易注十五卷首一卷末一卷
（明）来知德撰
清嘉庆十四年（1809）宁远堂刻本 10册
经部/易类　9 行 22 字白口四周双边单鱼尾版心有字“宁远堂”

0058　周易补疏二卷尚书补疏二卷
（清）焦循撰
清刻本　1 册
经部/易类　10 行 21 字黑口四周单边

0059　周易廓二十四卷
（清）陈世镕学
清咸丰元年（1851）独秀山庄刻本　21册
经部/易类　9 行 21 字白口四周单边单鱼尾　存二十二卷（三至二十四）

0060　周易十卷
（晋）韩康伯注
清刻本　1 册
经部/易类　10 行 17 字小字双行同白口四周双边双鱼尾　存四卷（七至十）

0061　周易本义注六卷
（宋）胡方撰
清粤雅堂校刊刻本　4 册
经部/易类　11行22字小字双行同黑口四周单边双鱼尾版心有字“粤雅堂校刊”存五卷（二至六）

0062　周易十卷
（三国魏）王弼注
清刻本　2 册

经部/易类　8 行 17 字小字双行同白口四周双边双鱼尾　存三卷（首，五至六）

0063　诚斋易传二十卷
（宋）杨万里著
清光绪二十一年（1895）刻本　7 册
经部/易类　9 行 20 字白口四周单边双鱼尾

0064　周易种书四卷
（清）王夫之撰
清同治四年（1865）刻本　1 册
经部/易类　10 行 21 字黑口四周单边双鱼尾

0065　周易外传七卷
（清）王夫之撰
清同治四年（1865）金陵湘乡曾国荃刻本　3 册
经部/易类　10 行 22 字黑口四周单边双鱼尾

0066　易经文二卷
（清）常安室主人编
清光绪十一年（1885）点石斋刻本　2册
经部/易类　10 行 21 字白口四周单边单鱼尾

0067　易经初学读本不分卷
（清）万廷兰校刊
清光绪二年（1876）四川学院衙门刻本　1 册
经部/易类　10 行 20 字黑口四周双边双鱼尾

0068　尚书注疏二十卷
（唐）孔颖达疏
清刻本　8 册
经部/书类　9 行 20 字小字双行同白口四周单边

0069　周易兼义上经乾传九卷附校勘记
（唐）孔颖达撰
清光绪十八年（1892）湖南宝庆务本书局刻本　5 册
经部/易类　10 行 24 字小字双行同黑口四周单边双鱼尾

0070　焦氏易林传四卷
（汉）焦赣撰
清刻本　4 册
经部/易类　12 行 23 字小字双行同黑口四周双边双鱼尾

0071　周易二卷
（宋）朱熹本义
民国元年（1912）鄂官书处刻本　2 册
经部/易类　11 行 17 字小字双行同白口四周双边

0072　周易姚氏学十六卷首一卷
（清）姚配中撰
清光绪三年（1877）北崇文刻本　6 册
经部/易类　12 行 28 字小字双行同黑口四周单边双鱼尾

0073　周易姚氏学十六卷首一卷
（清）姚配中撰
清光绪三年（1877）北崇文刻本　6 册
经部/易类　12 行 23 字小字双行同黑口四周双边双鱼尾

0074　周易姚氏学十六卷首一卷
（清）姚配中撰
清光绪三年（1877）北崇文刻本　6 册
经部/易类　12 行 23 字小字双行同黑口四周双边双鱼尾

0075 易经来注十五卷首一卷末一卷附图
（明）来知德注
清嘉庆十四年（1809）宁远堂刻本 8册
经部/易类 9 行 22 字小字单行同白口四周双边单鱼尾

0076 御纂周易折中二十二卷首一卷
（清）李光地等撰
清同治十年（1871）湖北崇文刻本 12册
经部/易类 8 行 22 字白口四周双边单鱼尾

0077 周易集要六卷
（明）应大猷撰
清刻本 4 册
经部/易类 11 行 22 字白口四周双边单鱼尾

0078 周易注略不分卷
（清）鲁恒培注
清刻本 6 册
经部/易类 10 行 24 字白口四周双边单鱼尾

0079 断易大全三卷
（先秦）鬼谷先生著
清嘉庆十三年（1808）刻本 1 册
经部/易类 12 行 32 字小字双行同白口四周单边单鱼尾

0080 伊川易传四卷
（宋）程颐撰
清刻本 4 册
经部/易类 12 行 22 字黑口四周单边双鱼尾

0081 十一经音训二十六卷
（清）杨国桢著
清光绪三年（1877）刻本 1 册
经部/群经总义类 9 行 24 字白口四周单边单鱼尾 存一卷

0082 周易传义合订十二卷
（清）朱轼 （清）高安撰
清朱氏刻本 1 册
经部/易类 10行20字小字双行同黑口四周单边双鱼尾版心有字“中华书局聚”

0083 京氏易传三卷
（汉）京房著 （口）胡宏鼎校
清刻本 1 册
经部/易类 10 行 20 字小字双行同白口四周单边单鱼尾

0084 雕菰楼易学四十卷附群经宫室图二卷禹贡郑注释二卷
（清）焦循著
清光绪二年（1876）刻本 8 册
经部/易类 10 行 21 字小字双行同黑口四周单边 存二十九卷（易学一至二十五，宫室图上、下，郑注释上、下）

0085 古文周易参同契注八卷
（东汉）魏伯阳著
清光绪二十二年（1896）惜阴轩丛书刻本 2 册
经部/易类 10 行 21 字小字双行同黑口四周单边单鱼尾 存三卷（一至三）

0086 关氏易传一卷周易略例一卷古三坟一卷
（北魏）关朗撰
清刻本 1 册
经部/易类 9 行 20 字小字双行同白口四周单边单鱼尾

0087 易图略八卷
（清）焦循撰

清刻本　1册
经部/易类　10行21字黑口四周单边

0088　易经衷论二卷
（清）张英敦著
清光绪二十二年（1896）刻本　1册
经部/易类　10行19字黑口四周单边双鱼尾

0089　关氏易传一卷周易略例一卷古三坟一卷
（北魏）关朗撰
清刻本　1册
经部/易类　9行20字小字双行同白口四周单边单鱼尾

0090　皇极经世易知八卷首一卷
（清）何梦瑶辑释
清光绪滚雪楼刻本　1册
经部/易类　10行19字小字双行同白口四周单边双鱼尾　存一卷（一）

0091　御纂周易折中二十二卷首一卷
（清）李光地等撰
清同治六年（1867）刻本　10册
经部/易类　11行23字白口四周单边单鱼尾

0092　御纂周易折中二十二卷首一卷
（清）玄烨敕编
清康熙五十四年（1715）刻本　6册
经部/易类　11行21字白口四周双边单鱼尾　存二十一卷（首一、一至二十）

0093　古文周易参同契注八卷
（东汉）魏伯阳著
清道光二十六年（1846）宏道书院刻本1册
经部/易类　10行21字小字双行同黑口四周单边单鱼尾　存五卷（四至八）

0094　易经通论不分卷
（清）皮锡瑞撰
清光绪三十三年（1907）湖南思贤书局刻本　1册
经部/易类　12行25字白口四周单边单鱼尾

0095　书经精义旁训四卷
（宋）蔡沈撰
清光绪十一年（1885）古香阁魏氏刻本4册
经部/书类　8行18字小字双行不同白口四周单边单鱼尾版心有字“古香阁”

0096　书经精义旁训四卷
（宋）蔡沈撰
清光绪十一年（1885）古香阁魏氏刻本4册
经部/书类　8行18字小字双行不同白口四周单边单鱼尾版心有字“古香阁”

0097　书经精义旁训四卷
（宋）蔡沈撰
清光绪十一年（1885）古香阁魏氏刻本4册
经部/书类　8行18字小字双行不同白口四周单边单鱼尾版心有字“古香阁”

0098　书经六卷
（宋）蔡沈撰
民国元年（1912）刻本　4册
经部/书类　9行17字小字双行同白口四周双边

0099　书经音训不分卷
（清）杨国桢撰

清刻本　1册
经部/书类　7行　22字小字双行不同白口四周单边单鱼尾

0100　**书经衷论四卷**
（清）张英敦著
清光绪二十三年（1897）桐城张氏刻本　2册
经部/书类　10行　19字黑口四周单边双鱼尾

0101　**郭氏传家易说八卷**
（宋）郭雍撰
清刻本　5册
经部/易类　9行　21字小字双行同白口左右双边无鱼尾　存五卷（二至三、五至六、八）

0102　**书经六卷**
（宋）蔡沈注
民国七年（1918）共和书局石印本　4册
经部/书类　13行　28字小字双行不同白口四周双边单鱼尾

0103　**书经六卷**
（宋）蔡沈注
民国七年（1918）共和书局石印本　1册
经部/书类　13行　28字小字双行不同白口四周双边单鱼尾

0104　**书经六卷**
（宋）蔡沈注
民国七年（1918）共和书局石印本　3册
经部/书类　13行　28字小字双行不同白口四周双边单鱼尾

0105　**书经六卷**
（宋）蔡沈注
民国七年（1918）共和书局石印本　4册
经部/书类　13行　28字小字双行不同白口四周双边单鱼尾

0106　**书经六卷**
（宋）蔡沈集传
民国锦章书局石印本　1册
经部/书类　13行　27字小字双行四周双边白口单鱼尾

0107　**五彩绘图监本书经六卷**
（宋）蔡沈集传
民国锦章书局石印本　1册
经部/书类　11行　24字小字双行黑口四周双边单鱼尾　存二卷（五至六）

0108　**书经六卷**
（宋）蔡沈注
民国元年（1912）章福记书局石印本　4册
经部/书类　11行　22字小字双行不同白口四周双边单鱼尾

0109　**书经六卷**
（宋）蔡沈注
民国元年（1912）章福记书局石印本　4册
经部/书类　11行　22字小字双行不同白口四周双边单鱼尾

0110　**尚书大传七卷**
（汉）郑玄撰
清光绪十二年（1886）成都尊经书院刻本　1册
经部/书类　8行　17字小字双行同白口四周单边双鱼尾

0111　**尚书大传四卷**
（汉）郑玄撰
民国元年（1912）鄂官书处重刊本　1册

经部/书类　12 行 24 字小字双行同黑口四周双边双鱼尾

0112　**尚书大传四卷**
（汉）郑玄撰
清光绪三年（1877）湖北崇文书局刻本　1 册
经部/书类　12 行 24 字小字双行同黑口四周双边双鱼尾

0113　**尚书今古文注疏三十卷**
（清）孙星衍撰注
清刻本　1 册
经部/书类　8 行 17 字小字双行同白口四周双边双鱼尾　存十一卷（十至二十）

0114　**尚书释文考证不分卷**
（清）龚道耕撰
民国二十六年（1937）成都华西协合大学国学丛书之三活字本　1 册
经部/书类　11 行 23 字小字双行同黑口四周双边单鱼尾版心有字“华西大学国学丛书之三”

0115　**书经精义汇钞六卷**
（清）陆锡璞辑
清道光二十年（1840）大盛堂刻本　1 册
经部/书类　9 行 26 字小字双行同黑口四周单边单鱼尾　存二卷（三至四）

0116　**书经备旨辑要六卷**
（清）马大猷缉
清刻本　4 册
经部/书类　9 行 24 字小字双行同白口四周单边单鱼尾版心有字“醉经堂”　存四卷（三至六）

0117　**尚书表注二卷**
（宋）金履祥表注
清同治八年（1869）永康胡氏退补斋刻本　1 册
经部/书类　10 行 18 字小字双行同白口四周单边单鱼尾版心有字“退补斋藏板”

0118　**御纂周易折中二十二卷首一卷**
（清）李光地等撰
清康熙刻本　12 册
经部/易类　8 行 18 字小字双行不同白口四周双边单鱼尾

0119　**御纂周易折中二十二卷首一卷**
（清）李光地等撰
清康熙刻本　12 册
经部/易类　8 行 18 字小字双行不同白口四周双边单鱼尾

0120　**御纂周易述义十卷**
（清）傅恒等撰
清乾隆二十年（1755）刻本　5 册
经部/易类　8 行 19 字白口四周双边单鱼尾

0121　**尚书今古文注疏三十卷**
（清）孙星衍撰
清光绪年十一年（1885）刻本　1 册
经部/书类　9 行 21 字小字双行同白口四周双边单鱼尾　存二卷（一至二）

0122　**书经注十二卷**
（宋）金履祥撰
清光绪五年（1879）归安陆氏刻本　5册
经部/书类　10 行 19 字黑口四周双边　存十卷（一至六、九至十二）

0123　**求志居经说六卷**
（清）陈世镕撰
清同治四年（1865）刻本　4 册
经部/群经总义类　9 行 21 字白口四周

单边单鱼尾　存四卷（一至四）

0124　求志居经说六卷
（清）陈世镕撰
同治元年（1862）刻本　2 册
经部/群经总义类　9 行 21 字白口四周单边单鱼尾　存六卷（一至六）

0125　钦定书经传说汇纂二十一卷首一卷
（清）王顼龄等撰
清刻本　15 册
经部/书类　8 行 21 字小字双行同白口四周双边单鱼尾　存十七卷（首上、下、一至十五）

0126　钦定书经传说汇纂二十一卷首一卷
（清）王顼龄等撰
清同治七年（1868）刻本　12 册
经部/书类　11 行 24 字小字双行同白口四周单边单鱼尾　存二十三卷（首上、下、一至二十一）

0127　秘书廿八种四卷
（晋）孔晁注
清嘉庆十三年（1808）刻本　1 册
经部/书类　10 行 20 字小字双行同白口四周单边单鱼尾

0128　尚书释音二卷
（唐）陆德明撰
清光绪十年（1884）遵义黎氏日本东京使署刻本　1 册
经部/书类　10 行小字双行 25 字白口四周单边

0129　大清通礼五十四卷
（清）穆克登额等撰
清刻本　22 册
经部/礼记类　13 行 21 字小字双行同白口四周单边单鱼尾　存四十七卷（一至二、五至四十九）

0130　皇极经世易知八卷首一卷
（清）何梦瑶辑释
清光绪十三年（1887）扫叶山房校刊滚雪楼本刻本　1 册
经部/易类　10 行 20 字小字双行同白口四周单边双鱼尾版心有字“滚雪楼校本”存一卷（首）

0131　易纬八种十三卷
（汉）郑玄注
清石印本　1 册
经部/易类　10 行 21 字小字双行同白口四周单边单鱼尾　存三种五卷

0132　书经稗疏四卷
（清）王夫之撰
清同治四年（1865）金陵湘乡曾国荃刻本　3 册
经部/书类　10 行 22 字黑口四周单边双鱼尾　存一卷（一）

0133　尚书引义六卷
（清）王夫之撰
清同治四年（1865）金陵湘乡曾国荃刻本 1 册
经部/书类　10 行 22 字黑口四周单边双鱼尾　存二卷（三至四）

0134　尚书札记二卷
（清）朱亦栋撰
清刻本　1 册
经部/书类　9 行 21 字白口四周双边单鱼尾

0135　尚书今古文注疏三十卷
（清）孙星衍撰

清光绪十年（1884）刻本　4 册
经部/书类　9 行 21 字小字双行同白口四周双边单鱼尾　存十二卷(一至十二)

0136　尚书大传三卷附记一卷辨伪一卷
（汉）伏胜撰　（汉）郑康成注
（清）陈寿祺校
清刻本　1 册
经部/书类　10 行 21 字小字双行同白口四周单边单鱼尾

0137　尚书十三卷
（汉）孔氏传
清光绪十年（1884）柚香阁刻　6 册
经部/书类　8 行 17 字小字双行同白口四周双边双鱼尾

0138　尚书十三卷
（汉）孔氏传
清光绪十年（1884）柚香阁刻本　1 册
经部/书类　8 行 17 字小字双行同白口四周双边双鱼尾　存四卷（五至八）

0139　尚书十三卷
（汉）孔氏传
清光绪十年（1884）柚香阁刻本　1 册
经部/书类　8 行 17 字小字双行同白口四周双边双鱼尾　存三卷(十一至十三)

0140　尚书十三卷
（汉）孔氏传
清光绪十年（1884）柚香阁刻本　1 册
经部/书类　8 行 17 字小字双行同白口四周双边双鱼尾　存二卷（一至二）

0141　尚书启蒙五卷
（清）黄式三撰
清光绪十四年（1888）刻本　4 册
经部/书类　9 行 21 字白口四周双边单鱼尾版心有字“儆居遗书”

0142　六译馆丛书九十七种
（清）廖平撰
清刻本　1 册
经部/书类　12 行 24 字小字双行同白口四周双边单鱼尾　存三种

0143　附释音尚书注疏二十卷校勘记二十卷
（唐）孔颖达疏
清光绪十八年（1892）湖南宝庆务本书局刻本　8 册
经部/书类　10行23字小字双行同黑口四周单边双鱼尾

0144　附释音尚书注疏二十卷校勘记二十卷
（唐）孔颖达疏
清光绪十八年（1892）湖南宝庆务本书局刻本　5 册
经部/书类　10 行 23 字小字双行同黑口四周单边双鱼尾　存十卷（一至八、十一至十二）

0145　附释音尚书注疏二十卷校勘记二十卷
（唐）孔颖达疏
清光绪十八年（1892）湖南宝庆务本书局刻本　1 册
经部/书类　10 行 23 字小字双行同黑口四周单边双鱼尾　存二卷（三至四）

0146　书经精华十卷首一卷
（清）王巨源编

清魏氏古香阁治经堂刻本　6册
经部/书类　11 行 15 字小字双行不同白口四周单边单鱼尾版心有字“治经堂”

0147　**书经精华十卷首一卷**
（清）王巨源编
清魏氏古香阁治经堂刻本　6 册
经部/书类　11 行 15 字小字双行不同白口四周单边单鱼尾版心有字“治经堂”

0148　**书经精华十卷首一卷**
（清）王巨源编
清魏氏古香阁治经堂刻本　21 册
经部/书类　11 行 15 字小字双行不同白口四周单边单鱼尾

0149　**书经精华十卷首一卷**
（清）王巨源编
清古香阁刻本　5 册
经部/书类　11行15字小字双行不同白口四周单边单鱼尾版心有字“古香阁校”

0150　**毛诗谱不分卷**
（汉）郑玄撰　（唐）孔颖达疏
清同治十年（1871）刻本　1 册
经部/诗类　10 行 20 字小字双行同白口四周单边单鱼尾

0151　**诗经音训不分卷**
（清）杨国桢撰
清刻本　2 册
经部/诗类　7 行 22 字小字双行不同白口四周单边单鱼尾

0152　**诗经原始十八卷**
（清）方玉润撰
民国泰东图书局影印本　4 册
经部/诗类　10 行 19 字黑口四周双边单鱼尾　存十一卷（一至八、十六至十八）

0153　**诗经精义汇钞四卷首一卷**
（清）陆锡璞辑
清道光十八年（1838）熊大盛堂刻本
3册
经部/诗类　10 行 26 字黑口四周双边单鱼尾

0154　**毛诗异文笺十卷**
（清）陈玉树
清光绪十三年（1887）刻本　5 册
经部/诗类　10 行 22 字白口四周单边单鱼尾

0155　**诗序辩正八卷首一卷**
（清）汪大任撰
清光绪十二年（1886）钱塘汪氏刻丛睦汪氏遗书刻本　1 册
经部/诗类　12 行 23 字白口四周单边单鱼尾版心有字“丛睦汪氏遗书”　存四卷（五至八）

0156　**诗经通义十二卷**
（清）朱鹤龄撰
清碧琳琅馆丛书刻本　4 册
经部/诗类　9 行 20 字黑口四周单边版心有字“碧琳琅馆丛书”

0157　**毛诗古音考四卷**
（明）陈弟编　焦竑订
清光绪六年（1880）武昌张氏刻本　4 册
经部/诗类　10 行 21 字黑口四周单边单鱼尾

0158　**诗经文不分卷**
（□）□□撰
民国影印本　2 册
经部/诗类　10 行 21 字白口四周单边单鱼尾

0159　毛诗注疏二十卷
（汉）郑玄撰　（唐）孔颖达疏
清刻本　24 册
经部/诗类　9 行 20 字白口四周单边

0160　诗经通论十八卷
（清）姚际恒著　（清）王笃订
清刻本　8 册
经部/诗类　10 行 16 字小字双行同白口四周双边单鱼尾

0161　诗广传五卷
（清）王夫之撰
清刻本　1 册
经部/诗类　10 行 22 字黑口四周单边双鱼尾　存二卷（二至三）

0162　诗传一卷诗说一卷
（春秋）端木赐述
清光绪二十二年（1896）刻本　1 册
经部/诗类　9 行 20 字白口四周单边单鱼尾

0163　尚书研究讲义六种
（民国）顾颉刚编
民国石印本　6 册
经部/书类　14行41字白口四周双边单鱼尾　存三种（甲之三、乙之三、丁之三）

0164　诗经体注八卷
（清）高朝瓔撰　（清）沈世楷辑
清刻本　1 册
经部/诗类　9 行 42 字白口四周单边存三卷（三至五）

0165　毛诗音四卷毛诗说一卷
（清）陈奂撰
清咸丰元年（1851）苏州漱芳斋镌刻本1 册
经部/诗类　10 行 21 字黑口四周单边双鱼尾

0166　诗经八卷
（宋）朱熹集传
清光绪元年（1875）湖北崇文刻本　4册
经部/诗类　9 行 21 字小字双行同白口四周双边

0167　毛诗二十卷
（汉）郑玄笺
清刻本　4 册
经部/诗类　9 行 21 字黑口四周单边单鱼尾

0168　毛诗二十卷
（汉）郑玄笺
清刻本　4 册
经部/诗类　9 行 21 字黑口四周单边单鱼尾

0169　毛诗二十卷
（汉）郑玄笺
清刻本　1 册
经部/诗类　9 行 21 字黑口四周单边单鱼尾　存七卷（九至十五）

0170　毛诗二十卷
（汉）郑玄笺
清刻本　3 册
经部/诗类　9 行 21 字黑口四周单边单鱼尾　存十二卷（六至二十）

0171　毛诗二十卷
（汉）郑玄笺
清刻本　1 册
经部/诗类　9 行 21 字黑口四周单边单鱼尾　存五卷（十六至二十）

0172　毛诗二十卷
（汉）郑玄笺
清刻本　1册
经部/诗类　9行21字黑口四周单边单鱼尾　存三卷（十六至十八）

0173　毛诗通考三十卷
（清）林伯桐撰
清同治二年（1863）刻本　3册
经部/诗类　11行22字黑口四周单边双鱼尾

0174　附释音毛诗注疏二十卷校勘记二十卷
（汉）郑玄撰　（唐）孔颖达疏
清刻本　2册
经部/诗类　10行23字黑口四周单边双鱼尾　存三卷（一、十六至十七）

0175　毛诗补疏五卷
（清）焦循学
清刻本　1册
经部/诗类　10行20字黑口四周单边

0176　毛诗课不分卷
（民国）欧阳渐著
民国二十七年（1938）江津支那内学院蜀院影印本　1册
经部/诗类　10行19字小字双行不同

0177　诗经备旨八卷
（清）邹圣脉纂辑　（清）孙景扬订
清刻本　2册
经部/诗类　11行30字白口四周单边单鱼尾　存五卷（四至八）

0178　诗毛氏传疏三十卷
（清）陈奂学
清吴门南园陈氏扫叶山庄刻本　10册
经部/诗类　10行21字黑口四周单边双鱼尾

0179　毛诗古音考四卷
（明）陈第编
民国二十三年（1934）双流黄氏济忠堂刻本　4册
经部/诗类　10行19字小字双行同白口四周双边单鱼尾

0180　毛诗注疏三十卷
（汉）郑玄撰　（唐）陆德明音义
（唐）孔颖达疏
清乾隆四年（1739）刻　13册
经部/诗类　10行20字小字双行同白口四周单边单鱼尾

0181　礼记□卷
（汉）郑氏注
清刻本　1册
经部/礼记类　8行17字小字双行同白口四周双边双鱼尾　存三卷（十一至十三）

0182　诗说二卷
（清）郝懿行辑
清光绪八年（1882）东路厅署刻本　1册
经部/诗类　9行21字黑口四周单边单鱼尾存一卷（上）

0183　毛诗序传三十卷
（清）王劼撰
清刻本　5册
经部/诗类　9行17字小字双行同白口四周单边单鱼尾版心有字“晚晴楼”　存二十卷（十一至三十）

0184　毛诗音义三卷
（唐）陆德明撰

清刻本　2 册
经部/诗类　10 行 21 字小字双行同白口四周单边单鱼尾

0185　**毛诗订诂八卷附录二卷**
（清）顾栋高著
清光绪二十二年（1896）江苏书局刻本　4 册
经部/诗类　16 行 25 字黑口四周单边双鱼尾

0186　**诗辑三十六卷**
（清）严粲述
清光绪三年（1877）岭南述古堂刻本　14 册
经部/诗类　9 行 17 字小字双行同白口四周双边版心有字“仁寿馆藏梓”

0187　**附释音礼记注疏六十三卷附校勘记**
（清）孔颖达撰
清光绪十八年（1892）湖南宝庆务本书局刻本　27 册
经部/礼记类　10 行 23 字小字双行不同黑口四周单边双鱼尾

0188　**仪礼疏五十卷附校勘记**
（唐）贾公彦等撰
光绪十八年（1892）湖南宝庆务本书局刻本　17 册
经部/仪礼类　10 行 23 字小字双行不同黑口四周单边双鱼尾

0189　**附释音周礼注疏四十二卷附校勘记**
（唐）贾公彦等撰
清刻本　16 册
经部/周礼类　10 行 23 字小字双行不同黑口四周单边双鱼尾　存三十九卷（一至四、八至四十二）

0190　**御纂诗义折中二十卷**
（清）傅恒等撰
清道光十八年（1838）刻本　10 册
经部/诗类　8 行 20 字小白口四周双边单鱼尾

0191　**御纂诗义折中二十卷**
（清）傅恒等撰
清道光十八年（1838）刻本　10 册
经部/诗类　8 行 20 字白口四周双边单鱼尾

0192　**御纂诗义折中二十卷**
（清）傅恒等撰
清道光十八年（1838）刻本　8 册
经部/诗类　8 行 20 字白口四周双边单鱼尾　存十七卷（一至十七）

0193　**四益诗说不分卷**
（清）廖平撰
民国七年（1918）四川成都存古书局刻本　1 册
经部/诗类　12 行 25 字小字双行同白口四周双边单鱼尾

0194　**经义不分卷**
（清）王夫之撰
清刻本　1 册
经部/群经总类　10 行 22 字黑口四周单边单鱼尾

0195　**诗经白话批注八卷**
（清）佚名撰
民国七年（1918）上海江东茂记书局石印本　4 册
经部/诗类　10 行 22 字小字双行不同白口四周单边版心有字“江东茂记书局”

0196　**诗经八卷**
（宋）朱熹集传
民国五年（1916）金陵书局刻本　4 册
经部/诗类　13 行 27 字小字双行不同白口四周双边单鱼尾

0197　**诗经体注大全八卷**
（清）沈世阶辑
清光绪（1881）年宏道堂刻本　3 册
经部/诗类　9 行 17 字小字双行同白口四周单边　存六卷（一至二、五至八）

0198　**御纂诗义折中二十卷**
（清）傅恒等撰
清道光二十六年（1846）善成堂刻本
4册
经部/诗类　9 行 20 字小字单行不同白口四周双边单鱼尾　存十卷（一至三、六至八、十五至十六、十九至二十）

0199　**毛诗传义类一卷郑氏笺考征一卷**
（清）陈奂编
清光绪二十一年（1895）刻本　1 册
经部/诗类　10 行 21 字小字双行同黑口四周单边双鱼尾

0200　**诗经备旨八卷**
（清）邹圣脉纂
清刻本　1 册
经部/诗类　11 行 20 字小字双行同白口四周单边单鱼尾　存三卷（一至三）

0201　**五彩绘图监本诗经八卷**
（宋）朱熹集传
清宣统二年（1910）上海会文堂粹记石印本　3 册
经部/诗类　11 行 24 字小字双行不同白口四周双边单鱼尾　存七卷（一至四、六至八）

0202　**诗经备旨八卷**
（清）邹圣脉纂
清同治十一年（1872）文会刻本　4 册
经部/诗类　11 行 20 字小字双行不同白口四周单边单鱼尾

0203　**类尚书讲义不分卷**
（清）黄家辰　黄家岱述
清光绪二十一年（1895）江苏南菁讲舍刊刻本　1 册
经部/书类　10 行 21 字小字双行同白口四周单边单鱼尾

0204　**诗经增订旁训四卷**
（宋）朱熹撰
清咸丰三年（1853）刻本　4 册
经部/诗类　7 行 20 字小字双行不同白口四周单边单鱼尾版心有字“竹桥斋”

0205　**毛诗传笺二十卷附郑氏诗谱一卷**
（汉）郑玄笺
清同治十一年（1872）江南书局刻本　1册
经部/诗类　10 行 21 字小字双行同白口四周单边单鱼尾　存四卷（一至三，郑氏诗谱一）

0206　**诗经稗疏四卷**
（清）王夫之撰
清同治四年（1865）湘乡曾氏刻本　1册
经部/诗类　10 行 22 字小字双行同黑口四周单边双鱼尾

0207　**五彩绘图监本诗经八卷**
（宋）朱熹集传
民国石印本　4 册
经部/诗类　9 行 17 字小字双行同白口四周单边单鱼尾

0208　**诗问七卷**
（清）郝懿行撰
清刻本（栖霞晒书堂原本）　2 册

经部/诗类　9 行 21 字黑口四周单边单鱼尾　存二卷（四至五）

0209　诗经二十卷
（宋）朱熹集传
清光绪十五年（1889）上海闭经堂刻本　4 册
经部/诗类　9 行 17 字小字双行同白口四周单边单鱼尾版心有字“宋本朱集传守经堂校刊”

0210　诗经精义旁训五卷
（清）黄淦精义　（清）徐立纲旁训
清光绪九年（1883）古香阁魏氏刻本　4册
经部/诗类　8 行 18 字小字双行不同白口四周单边单鱼尾版心有字“古香阁”

0211　学礼阙疑八卷
（清）刘青莲纂　（清）刘青芝订
清刻本　1 册
经部/礼记类　10 行 20 字黑口四周单边单鱼尾　存一卷（六）

0212　大戴礼记十三卷
（汉）戴德撰　（北周）卢辩注
清刻本　1 册
经部/大戴礼记类　10 行 20 字小字双行同白口四周单边单鱼尾　存一卷（七）

0213　尚书辨疑一卷周礼质疑五卷
（清）刘青芝纂
清刻本　2 册
经部/书类　1 行 21 字黑口四周单边单鱼尾

0214　郑志三卷
（魏）郑小同撰　（清）王复辑
（清）武亿校
清刻本　1 册
经部/群经总类　10 行 21 字小字双行同白口四周单边单鱼尾

0215　礼记补疏三卷
（清）焦循撰
清刻本　1 册
经部/礼记类　10 行 21 字小字双行同黑口四周单边

0216　仪礼石经校勘记四卷
（清）阮元撰
清宁雅堂刻本　1 册
经部/仪礼类　5 行 10 字小字双行不同黑口四周单边版心有字“粤雅堂丛书”

0217　仪礼疏十六卷
（唐）贾公彦等撰
清刻本　2 册
经部/仪礼类　15 行 27 字白口四周单边单鱼尾　存十一卷（六至十六）

0218　仪礼十七卷
（汉）郑氏注
清刻本　3 册
经部/仪礼类　14 行 24 字小字双行不同白口四周单边单鱼尾　存十二卷(一至十、十六至十七）

0219　礼记章句四十卷
（清）王夫之撰
清同治十年（1871）湘乡曾氏刻本　2册
经部/仪礼类　10 行 22 字小字双行同黑口四周单边双鱼尾　存三卷（一至二、十九）

0220　毛诗二十卷
（汉）郑玄笺
清刻本　3 册
经部/诗类　10 行 21 字小字双行同白口

四周单边单鱼尾　存十七卷（四至二十）

0221　仪礼古今文疏义十七卷
（清）胡承珙撰
清光绪三年（1877）湖北崇文书局刻本　4册
经部/仪礼类　12行24字小字双行同黑口四周双边双鱼尾

0222　仪礼注疏十七卷
（汉）郑玄注　（唐）贾公彦疏
清刻本　14册
经部/仪礼类　9行20字小字双行同白口四周单边　存十六卷（一至十二、十四至十七）

0223　仪礼注疏十七卷
（汉）郑玄注　（唐）贾公彦疏
清乾隆四年（1739）刻本　10册
经部/仪礼类　10行21字小字双行同白口四周单边单鱼尾

0224　周礼注疏四十二卷
（唐）贾公彦等撰
清乾隆四年（1739）刻本　14册
经部/周礼类　10行21字小字双行同白口四周单边单鱼尾

0225　周礼注疏四十二卷
（汉）郑玄注　（唐）贾公彦疏
清刻本　23册
经部/周礼类　9行20字小字双行同白口四周单边

0226　礼记注疏六十三卷
（汉）郑玄注　（唐）孔颖达疏
清刻本　21册
经部/礼记类　9行20字小字双行同白口四周单边　存五十六卷（一至四、七至九、十二至三十四、三十八至六十三）

0227　钦定仪礼义疏四十八卷首二卷
（清）鄂尔泰等撰
清刻本　28册
经部/仪礼类　11行24字小字双行同白口四周单边单鱼尾　存四十九卷（首一、一至四十八）

0228　钦定仪礼义疏四十八卷首一卷
（清）鄂尔泰等撰
清道光十八年（1838）年刻本　38册
经部/仪礼类　11行24字小字双行同白口四周单边单鱼尾　存四十八卷（一至三十六、三十九至四十八）

0229　钦定仪礼义疏四十八卷首一卷
（清）鄂尔泰等撰
清道光十八年（1838）年刻本　48册
经部/仪礼类　11行24字小字双行同白口四周单边单鱼尾

0230　钦定仪礼义疏四十八卷首一卷
（清）鄂尔泰等撰
清道光十八年（1838）年刻本　32册
经部/仪礼类　11行24字小字双行同白口四周单边单鱼尾

0231　钦定仪礼义疏四十八卷首一卷
（清）鄂尔泰等撰
清道光十八年（1838）年刻本　36册
经部/仪礼类　11行24字小字双行同白口四周单边单鱼尾

0232　钦定仪礼义疏四十八卷首一卷
（清）鄂尔泰等撰
清道光十八年（1838）年刻本　42册
经部/仪礼类　11行24字小字双行同白口四周单边单鱼尾　存四十五卷（一至二十八、三十一至四十七）

0233　钦定礼记义疏八十二卷首一卷
（清）鄂尔泰等撰
清同治十年（1871）湖北崇文书局刻本　48册
经部/礼记类　11行24字小字双行同白口四周单边单鱼尾

0234　钦定礼记义疏八十二卷首一卷
（清）鄂尔泰等撰
清同治十年（1871）湖北崇文书局刻本　47册
经部/礼记类　11行24字小字双行同白口四周单边单鱼尾　存六十八卷（三至十三、二十五至八十二）

0235　钦定礼记义疏八十二卷首一卷
（清）鄂尔泰等撰
清同治十年（1871）湖北崇文书局刻本　40册
经部/礼记类　11行24字小字双行同白口四周单边单鱼尾　存六十一卷（首至四十八、五十二至五十五、五十七至五十八、六十八、七十一至七十二、八十至八十二）

0236　钦定礼记义疏八十二卷首一卷
（清）鄂尔泰等撰
清同治十年（1871）湖北崇文书局刻本　7册
经部/礼记类　11行24字小字双行同白口四周单边单鱼尾　存十一卷（六十二至七十，八十一至八十二）

0237　钦定礼记义疏八十二卷首一卷
（清）鄂尔泰等撰
清同治十年（1871）湖北崇文书局刻本　1册
经部/礼记类　11行24字小字双行同白口四周单边单鱼尾　存二卷（四十八至四十九）

0238　钦定礼记义疏八十二卷首一卷
（清）鄂尔泰等撰
清同治十年（1871）湖北崇文书局刻本　24册
经部/礼记类　11行24字小字双行同白口四周单边单鱼尾　存四十一卷（存十至十一、四十四至四十六、四十九至八十二）

0239　钦定礼记义疏八十二卷首一卷
（清）鄂尔泰等撰
清刻本　22册
经部/礼记类　11行24字小字双行同白口四周单边单鱼尾　存五十八卷（二十五至八十二）

0240　钦定诗经传说汇纂二十一卷首一卷
（清）允禄撰
清同治七年（1868）刻本　15册
经部/诗经类　11行24字小字双行同白口四周单边单鱼尾

0241　钦定诗经传说汇纂二十一卷首一卷
（清）允禄撰
清同治十年（1871）湖北同文书局刻本　18册
经部/诗经类　11行24字小字双行同白口四周单边单鱼尾

0242　钦定诗经传说汇纂二十一卷首一卷
（清）允禄撰
清刻本　18册
经部/诗经类　11行24字小字双行同白口四周单边单鱼尾

0243　钦定诗经传说汇纂二十一卷首一卷
（清）允禄撰

清刻本　15 册
经部/诗经类　11 行 24 字小字双行同白口四周单边单鱼尾　存二十一卷（一至二十一）

0244　钦定诗经传说汇纂二十一卷首一卷
（清）允禄撰
清刻本　17 册
经部/诗经类　11 行 24 字小字双行同白口四周单边单鱼尾

0245　钦定诗经传说汇纂二十一卷首一卷
（清）允禄撰
清刻本　9 册
经部/诗经类　11 行 24 字小字双行同白口四周单边单鱼尾　存十卷（首至九）

0246　钦定诗经传说汇纂二十一卷首一卷
（清）允禄撰
清刻本　10 册
经部/诗经类　8 行 21 字小字双行同白口四周双边单鱼尾　存十二卷（一、七、九至十、十四至二十一）

0247　诗经精华十卷
（清）薛嘉颖撰
清同治八年（1869）京都善成堂刻本　4 册
经部/诗经类　13 行 15 字小字双行不同白口四周单边单鱼尾

0248　诗经精华十卷
（清）薛嘉颖撰
清道光五年（1825）刻本　5 册
经部/诗经类　11 行 16 字小字双行不同白口四周单边单鱼尾

0249　诗经精华十卷
（清）薛嘉颖撰
清道光五年（1825）刻本　5 册
经部/诗经类　11 行 16 字小字双行不同白口四周单边单鱼尾

0250　诗经精华十卷
（清）薛嘉颖撰
清道光五年（1825）刻本　5 册
经部/诗经类　11 行 16 字小字双行不同白口四周单边单鱼尾

0251　诗经精华十卷
（清）薛嘉颖撰
清道光五年（1825）刻本　4 册
经部/诗经类　11 行 16 字小字双行不同白口四周单边单鱼尾　存八卷（三至十）

0252　诗经精华十卷
（清）薛嘉颖撰
清道光五年（1825）刻本　4 册
经部/诗经类　11 行 16 字小字双行不同白口四周单边单鱼尾　存九卷（首至八）

0253　诗经精华十卷
（清）薛嘉颖撰
清道光五年（1825）刻本　1 册
经部/诗经类　11 行 16 字小字双行不同白口四周单边单鱼尾　存三卷（首至二）

0254　诗经精华十卷
（清）薛嘉颖撰
清道光五年（1825）刻本　1 册
经部/诗经类　11 行 16 字小字双行不同白口四周单边单鱼尾　存二卷（五至六）

0255　诗经精华十卷
（清）薛嘉颖撰
清道光十二年（1832）姑苏步月楼刻本　4 册

经部/诗经类　12 行 15 字小字双行不同白口四周单边单鱼尾

0256　**诗经原始十八卷首一卷**
（清）方玉润撰
民国十三年（1924）刻本　4 册
经部/诗经类　10 行 21 字小字双行同黑口四周单边单鱼尾　存八卷（卷首、九至十五）

0257　**抚本礼记郑注考异二卷**
（清）张敦仁撰
清刻本　1 册
经部/礼记类　9 行 17 字小字双行同白口四周双边单鱼尾

0258　**礼记精华十卷**
（清）江永编
清光绪十九年（1893）刻本　5 册
经部/礼记类　分栏10行18字小字双行同白口四周双边单鱼尾版心有字“善成堂”

0259　**读礼志疑六卷**
（清）陆陇其辑
清同治五年（1866）福州正谊书院刻本　3 册
经部/礼记类　10 行 22 字白口四周单边单鱼尾

0260　**礼记节本十卷**
（清）汪基撰
清光绪三十年（1904）上海育文书局石印本　1 册
经部/礼记类　13 行 26 字小字双行同白口四周单边单鱼尾　存二卷（五至六）

0261　**钦定周官义疏四十八卷首一卷**
（清）鄂尔泰等撰
清光绪三十年（1904）上海育文书局石印本　1 册
经部/周礼类　24行54字小字双行同白口四周单边单鱼尾　存十卷（首、一至九）

0262　**钦定礼记义疏八十二卷**
（明）李善长撰
清光绪三十年（1904）上海育文书局石印本　1 册
经部/礼记类　24行54字白口四周单边单鱼尾　存十二卷（首、一至十一）

0263　**五经备旨十一卷**
（清）邹圣脉纂辑
清光绪十五年（1889）上海积山书局石印本　3 册
经部/群经总类　分栏 11 行 20 字小字双行同白口四周单边单鱼尾　存八卷（四至十一）

0264　**礼记菁华录八卷**
（清）吴曾祺评注
民国十三年（1924）上海商务印书馆铅印本　4 册
经部/礼记类　13行27字小字双行不同白口四周单边

0265　**周礼精华六卷**
（清）陈龙标辑
清道光十二年（1832）姑苏步月楼刻本　6 册
经部/周礼类　分栏 8 行 20 字小字双行不同白口四周单边单鱼尾

0266　**周礼精华六卷首一卷**
（清）陈龙标编辑
清治经堂刻本　3 册
经部/周礼类　分栏 8 行 20 字小字双行同白口四周单边单鱼尾版心有字“治经堂”　存七卷（首至六）

0267　**周礼精华六卷首一卷**
（清）陈龙标编辑
清治经堂刻本　3 册
经部/周礼类　分栏 8 行 20 字小字双行同白口四周单边单鱼尾版心有字“治经堂”　存七卷（首至六）

0268　**周礼精华六卷首一卷**
（清）陈龙标编辑
清治经堂刻本　3 册
经部/周礼类　分栏 8 行 20 字小字双行同白口四周单边单鱼尾版心有字“治经堂”　存七卷（首至六）

0269　**周礼精华六卷首一卷**
（清）陈龙标编辑
清治经堂刻本　6 册
经部/周礼类　分栏 8 行 20 字小字双行同白口四周单边单鱼尾版心有字“治经堂”　存七卷（首至六）

0270　**周礼精华六卷首一卷**
（清）陈龙标编辑
清治经堂刻本　5 册
经部/周礼类　分栏 8 行 20 字小字双行同白口四周单边单鱼尾版心有字“治经堂”　存六卷（首至五）

0271　**礼通释二百八十卷**
（清）林昌彝撰
清同治三年（1864）刻本　40 册
经部/仪礼类　10 行 23 字小字双行同白口四周双边单鱼尾

0272　**文公家礼八卷**
（宋）朱熹编
清刻本　3 册
经部/仪礼类　9 行 21 字小字双行同白口四周单边单鱼尾　存六卷（三至八）

0273　**钦定周官义疏四十八卷首一卷**
（清）鄂尔泰等撰
清道光十八年（1838）刻本　30 册
经部/周礼类　8 行 8 字小字双行不同白口四周双边单鱼尾

0274　**钦定周官义疏四十八卷首一卷**
（清）鄂尔泰等撰
清道光十八年（1838）刻本　30 册
经部/周礼类　8 行 8 字小字双行不同白口四周双边单鱼尾

0275　**钦定周官义疏四十八卷首一卷**
（清）鄂尔泰等撰
清道光十八年（1838）刻本　30 册
经部/周礼类　8 行 8 字小字双行不同白口四周双边单鱼尾

0276　**钦定周官义疏四十八卷首一卷**
（清）鄂尔泰等撰
清道光十八年（1838）刻本　29 册
经部/周礼类　8 行 8 字小字双行不同白口四周双边单鱼尾　存四十八卷（首至十、十二至四十八）

0277　**五礼通考二百六十二卷首一卷**
（清）秦蕙田编辑
清光绪六年（1880）江苏书局刻本　100册
经部/礼记类　13 行 21 字小字双行不同白口四周单边单鱼尾

0278　**周礼注疏四十二卷**
（汉）郑氏注　（唐）贾公彦疏
清刻本　1 册
经部/礼记类　10 行 17 字小字双行不同黑口四周单边双鱼尾　存二十二卷（十六至

二十、二十三至三十一、三十五至四十二）

0279　读礼通考一百二十卷
（清）徐乾学
清刻本　32 册
经部/礼记类　13 行 21 字小字双行不同白口四周单边单鱼尾

0280　读礼通考一百二十卷
（清）徐乾学
清刻本　9 册
经部/礼记类　13 行 21 字小字双行不同白口四周单边单鱼尾　存三十二卷（四十六至四十八、八十二至一百一十）

0281　读礼通考一百二十卷
（清）徐乾学
清刻本　19 册
经部/礼记类　13 行 21 字小字双行不同白口四周单边单鱼尾　存七十一卷（一至二十三、二十七至四十五、五十至七十五、七十九至八十一）

0282　礼记初学读本四十九卷
（清）万廷兰辑
清光绪二年（1876）四川学院衙门刻本 6 册
经部/礼记类　10 行 20 字黑口四周双边双鱼尾

0283　礼记初学读本四十九卷
（清）万廷兰辑
清光绪二年（1876）四川学院衙门刻本 4 册
经部/礼记类　10 行 20 字黑口四周双边双鱼尾

0284　礼记初学读本四十九卷
（清）万廷兰辑
清光绪二年（1876）四川学院衙门刻本 4 册
经部/礼记类　10 行 20 字黑口四周双边双鱼尾

0285　礼记初学读本四十九卷
（清）万廷兰辑
清光绪二年（1876）四川学院衙门重雕刻本　3 册
经部/礼记类　10 行 20 字黑口四周双边双鱼尾　存二十五卷（一至二十五）

0286　周礼初学读本六卷
（清）万廷兰辑
清刻本　3 册
经部/礼记类　10 行 20 字黑口四周双边双鱼尾

0287　周礼初学读本六卷
（清）万廷兰辑
清刻本　3 册
经部/礼记类　10 行 20 字黑口四周双边双鱼尾

0288　周礼初学读本六卷
（清）万廷兰辑
清刻本　3 册
经部/礼记类　10 行 20 字黑口四周双边双鱼尾

0289　周礼初学读本六卷
（清）万廷兰辑
清光绪二年（1876）四川学院衙门刻本 17 册
经部/礼记类　10 行 20 字黑口四周双边双鱼尾

0290　周礼初学读本六卷
（清）万廷兰辑

清光绪二年（1876）四川学院衙门刻本
17 册
经部/礼记类　10 行 20 字黑口四周双边
双鱼尾

0291　**周礼初学读本六卷**
（清）万廷兰辑
清光绪二年（1876）四川学院衙门刻本
17 册
经部/礼记类　10 行 20 字黑口四周双边
双鱼尾

0292　**周礼初学读本六卷**
（清）万廷兰辑
清光绪二年（1876）四川学院衙门刻本
17 册
经部/礼记类　10 行 20 字黑口四周双边
双鱼尾

0293　**仪礼初学读本十七卷**
（清）万廷兰辑
清刻本　4 册
经部/仪礼类　10 行 20 字黑口四周双边
双鱼尾

0294　**仪礼初学读本十七卷**
（清）万廷兰辑
清刻本　3 册
经部/仪礼类　10 行 20 字黑口四周双边
双鱼尾

0295　**仪礼初学读本十七卷**
（清）万廷兰辑
清刻本　3 册
经部/仪礼类　10 行 20 字黑口四周双边
双鱼尾

0296　**仪礼初学读本十七卷**
（清）万廷兰辑
清光绪二年（1876）四川学院衙门刻本
3 册
经部/仪礼类　10 行 20 字黑口四周双边
双鱼尾

0297　**仪礼初学读本十七卷**
（清）万廷兰辑
清光绪二年（1876）四川学院衙门刻本
4 册
经部/仪礼类　10 行 20 字黑口四周双边
双鱼尾

0298　**仪礼初学读本十七卷**
（清）万廷兰辑
清光绪二年（1876）四川学院衙门刻本
3 册
经部/仪礼类　10 行 20 字黑口四周双边
双鱼尾

0299　**相见礼通故二卷**
（清）黄以周述
清光绪十九年（1893）黄氏试馆刻本　1册
经部/礼记类　10 行 21 字黑口四周双边

0300　**聘礼通故不分卷**
（清）黄以周述
清光绪十九年（1893）黄氏试馆刻本
1 册
经部/礼记类　10 行 21 字黑口四周双边

0301　**射礼通故不分卷**
（清）黄以周述
清光绪十九年（1893）黄氏试馆刻本　1册
经部/礼记类　10 行 21 字黑口四周双边

0302　**五行大义五卷**
（隋）萧吉撰
清刻本　1 册
经部/易类　9 行 21 字黑口四周单边版

心有字“知不足斋丛书”　存二卷（三至四）

0303　**礼节图表不分卷**
（□）□□撰
清刻本　1册
经部/礼记类　10行21字黑口四周双边

0304　**礼记体注四卷**
（清）范翔订
清乾隆六十年（1795）刻本　1册
经部/礼记类　分栏10行19字小字双行同白口四周单边单鱼尾

0305　**礼记体注四卷**
（清）范翔订
清乾隆六十年（1795）刻本　4册
经部/礼记类　分栏10行19字小字双行同白口四周单边单鱼尾

0306　**御礼通故三卷**
（清）黄以周述
清光绪十九年（1893）黄氏试馆刻本　1册
经部/礼记类　10行21字黑口四周双边

0307　**礼记识二卷**
（清）廖平撰
清刻本　2册
经部/礼记类　12行25字白口四周双边单鱼尾

0308　**仪礼古今文异同五卷**
（清）徐养原撰
清湖城义塾刻本　1册
经部/仪礼类　9行19字小字双行同黑口四周双边

0309　**仪礼札记一卷**
（清）朱亦栋学
清光绪四年（1878）武林竹简斋刻本　1册
经部/仪礼类　9行21字白口四周双边单鱼尾

0310　**礼记音注十卷**
（元）陈澔集说
清刻本　5册
经部/礼记类　10行20字小字双行同白口四周单边单鱼尾

0311　**礼经笺十七卷**
（汉）郑玄注
清光绪十一年（1885）成都尊经书局刻本　6册
经部/礼记类　8行17字小字双行同白口四周双边双鱼尾

0312　**詹岱阁学经记不分卷**
（清）孔广牧撰
清光绪七年（1881）恽祖翼刻本　1册
经部/群经总义类　9行18字白口四周单边单鱼尾

0313　**周官指掌五卷**
（清）庄有可撰
清刻本　4册
经部/周礼类　9行18字白口四周单边单鱼尾

0314　**礼记备旨十一卷**
（清）郑圣脉纂
清刻本　1册
经部/礼记类　分栏10行29字小字双行同白口四周单边单鱼尾

0315　**佚礼扶微不分卷**
（清）丁晏俭辑
清光绪十四年（1888）江阴南菁书院刻本

1 册
经部/仪礼类　13 行 21 字小字双行同白口四周双边单鱼尾

0316　**周官图说六卷**
（□）□□撰
清嘉庆二十一年（1816）蕊石山房刻本
1 册
经部/周礼类　9 行 25 字小字双行同白口四周双边单鱼尾

0317　**礼记读本六卷**
（清）周樽眉订　（清）王翼轩参阅　（清）贾聘侯校封
清咸丰三年（1853）竹桥斋刻本　5 册
经部/礼记类　9 行 22 字小字单行不同白口四周单边单鱼尾版心有字“竹桥斋”

0318　**仪礼古今文疏义十七卷**
（清）胡承珙撰
清光绪三年（1877）湖北崇文书局刻本
4 册
经部/仪礼类　12 行 23 字小字双行同黑口四周双边双鱼尾

0319　**礼义古今文疏义十七卷**
（清）胡承珙撰
民国元年（1912）鄂官书局刻本　4 册
经部/礼记类　12 行 24 字小字双行同黑口四周双边双鱼尾

0320　**仪礼古今文疏义十七卷**
（清）胡承珙撰
清光绪三年（1877）湖北崇文书局刻本
4 册
经部/仪礼类　12 行 24 字小字双行同黑口四周双边双鱼尾

0321　**仪礼十七卷**
（汉）郑氏注　（唐）陆德明音义
清同治九年（1870）楚北崇文书局刻本
2 册
经部/仪礼类　9 行 17 字小字双行同白口四周双边单鱼尾

0322　**仪礼十七卷**
（汉）郑氏注　（唐）陆德明音义
清同治九年（1870）楚北崇文书局刻本
1 册
经部/仪礼类　9 行 17 字小字双行同白口四周双边单鱼尾　存五卷（一至五）

0323　**仪礼十七卷**
（汉）郑氏注　（唐）陆德明音义
清同治九年（1870）楚北崇文书局刻本
1 册
经部/仪礼类　9 行 17 字小字双行同白口四周双边单鱼尾　存三卷（六至八）

0324　**礼记十卷**
（元）陈澔集说
清咸丰元年（1851）新化邓氏□□州濂溪讲院刻本　10 册
经部/礼记类　9 行 17 字小字双行同白口四周单边

0325　**周礼读本六卷**
（唐）贾公彦撰
清咸丰三年（1853）竹桥斋刻本　6 册
经部/礼记类　19 行 22 字小字单行同白口四周单边单鱼尾版心有字“竹桥斋”

0326　**仪礼十七卷**
（汉）郑氏注
清同治九年（1870）楚北崇文书局刻本
2 册

经部/仪礼类　14 行 24 字小字双行同白口四周单边单鱼尾　存九卷(九至十七)

0327　礼记精义旁训六卷
（清）徐立纲撰　（清）魏氏校
清光绪二十年（1894）魏氏古香阁刻本　1 册
经部/礼记类　分栏 8 行 21 字小字单行同白口四周单边单鱼尾版心有字“古香阁魏氏校”　存一卷（五）

0328　礼记旁训六卷
（清）徐立纲辑
清道光二十四年（1844）刻本　6 册
经部/礼记类　14 行 22 字小字单行同白口四周单边单鱼尾

0329　周礼十二卷
（汉）郑氏注　（唐）陆德明音义
清光绪十二年（1886）湖北官书局刻本　5 册
经部/周礼类　9 行 17 字小字双行同白口四周双边单鱼尾　存十卷（一至十）

0330　周礼十二卷
（汉）郑氏注　（唐）陆德明音义
清光绪十二年（1886）湖北官书局刻本　6 册
经部/周礼类　9 行 17 字小字双行同白口四周双边单鱼尾

0331　周礼六卷
（唐）贾公彦撰
清光绪刻本　6 册
经部/周礼类　9 行 17 字小字双行同白口四周单边单鱼尾

0332　周易注疏九卷
（魏）王弼注　（唐）孔颖达疏
明崇祯四年（1631）汲古阁刻本　8 册
经部/易类　9 行 21 字小字双行同白口左右双边无鱼尾

0333　周易兼义九卷
（魏）王弼注　（唐）孔颖达疏
明崇祯四年（1631）汲古阁刻本　4 册
经部/易类　9 行 21 字小字双行同白口左右双边无鱼尾

0334　续春秋左氏传博议二卷
（清）王夫之撰
清船山遗书刻本　1 册
经部/春秋左传类　10 行 22 字黑口四周单边双鱼尾　存一卷（下）

0335　礼记异文笺一卷
（清）俞樾撰
清光绪十四年（1888）江阴南菁书院刻本　1 册
经部/礼记类　10 行 21 字白口四周单边单鱼尾

0336　钦定春秋传说汇纂三十八卷首一卷
（清）王掞等撰
清同治十年（1871）湖北崇文书局刻本　25 册
经部/春秋总义类　11 行 22 字小字双行同白口四周单边单鱼尾

0337　钦定春秋传说汇纂三十八卷首一卷
（清）王掞等撰
清同治十年（1871）湖北崇文书局刻本　18 册
经部/春秋总义类　11 行 22 字小字双行同白口四周单边单鱼尾

0338　钦定春秋传说汇纂三十八卷首一卷
（清）王掞等撰

清同治十年（1871）湖北崇文书局刻本 22册
经部/春秋总义类 11行22字小字双行同白口四周单边单鱼尾

0339 钦定春秋传说汇纂三十八卷首一卷
（清）王掞等撰
清同治十年（1871）湖北崇文书局刻本 20册
经部/春秋总义类 11行22字小字双行同白口四周单边单鱼尾

0340 钦定春秋传说汇纂三十八卷首一卷
（清）王掞等撰
清同治十年（1871）湖北崇文书局刻本 19册
经部/春秋总义类 11行22字小字双行同白口四周单边单鱼尾 存三十卷（三至三十二）

0341 钦定春秋传说汇纂三十八卷首一卷
（清）王掞等撰
清同治十年（1871）湖北崇文书局刻本 11册
经部/春秋总义类 11行22字小字双行同白口四周单边单鱼尾 存二十一卷（十六至二十、二十三至三十八）

0342 礼记读本六卷
（清）周樽眉订 （清）王翼轩参阅
（清）贾聘矦校封
清咸丰三年（1853）竹桥斋刻本 6册
经部/礼记类 9行22字小字单行不同白口四周单边单鱼尾版心有字“竹桥斋”

0343 大戴礼记十三卷
（汉）戴德著 （清）王聘珍校
清刻本 3册
经部/大戴礼记类 9行20字小字双行同白口四周单边单鱼尾

0344 大戴礼记十三卷
（汉）戴德著 （清）王聘珍校
清刻本 3册
经部/大戴礼记类 9行20字小字双行同白口四周单边单鱼尾

0345 抚本礼记郑注考异二卷
（清）张敦仁撰
清刻本 2册
经部/礼记类 9行17字小字双行同白口四周双边单鱼尾

0346 仪礼读本十七卷首一卷
（清）周樽眉订 （清）王翼轩参阅
（清）贾聘矦校封
清咸丰三年（1853）竹桥斋刻本 3册
经部/仪礼类 17行22字小字单行不同白口四周单边单鱼尾版心有字“竹桥斋”

0347 礼记十卷
（元）陈澔集说
民国元年（1912）鄂官书院刻本 10册
经部/礼记类 9行17字小字双行同白口四周双边

0348 礼记十卷
（元）陈澔集说
民国元年（1912）鄂官书院刻本 4册
经部/礼记类 9行17字小字双行同白口四周双边 存四卷（一至四）

0349 礼记十卷
（元）陈澔集说
清咸丰元年（1851）新化邓氏刻本 10册
经部/礼记类 分栏9行18字小字双行同白口四周单边

0350　礼记十卷
（元）陈澔集说
清道光二十三年（1843）致盛堂藏板刻本　7册
经部/礼记类　10行21字小字双行同白口四周双边单鱼尾　存七卷（一至五、九至十）

0351　礼记二十卷
（汉）郑氏注
清同治九年（1870）楚北崇文书局刻本　10册
经部/礼记类　9行17字小字双行同白口四周双边单鱼尾

0352　礼记二十卷
（汉）郑氏注
清同治九年（1870）楚北崇文书局刻本　10册
经部/礼记类　9行17字小字双行同白口四周双边单鱼尾　存十九卷（一至十、十二至二十）

0353　礼记二十卷
（汉）郑氏注
清同治九年（1870）楚北崇文书局刻本　1册
经部/礼记类　9行17字小字双行同白口四周双边单鱼尾　存二卷（三至四）

0354　礼记二十卷
（汉）郑氏注　（汉）王氏笺
清刻本　1册
经部/礼记类　8行17字小字双行同白口四周双边双鱼尾

0355　齐谐记一卷戴礼记十三卷
（南梁）吴均撰　（汉）戴德撰　（北周）卢辩注
民国十三年（1924）永康胡氏梦选楼刻本　1册
经部/礼记类　10行20字白口四周单边单鱼尾

0356　礼说六卷
（清）黄以周撰
清刻本　1册
经部/礼记类　10行21字小字双行同白口四周双边单鱼尾

0357　礼运三篇合解不分卷
（清）廖平撰
民国七年（1918）成都存古书局刻本　1册
经部/礼记类　12行25字小字双行同白口四周双边单鱼尾

0358　礼记二十卷
（汉）郑氏注
清光绪十年（1884）柚香阁刻本　9册
经部/礼记类　8行17字小字双行同白口四周双边双鱼尾

0359　礼记二十卷
（汉）郑氏注
清同治九年（1870）楚北崇文书局刻本　7册
经部/礼记类　8行17字小字双行同白口四周双边双鱼尾

0360　礼记二十卷
（汉）郑氏注
清刻本　7册
经部/礼记类　8行17字小字双行同白口四周双边双鱼尾

0361　礼记二十卷
（汉）郑氏注
清同治九年（1870）楚北崇文书局刻本

7 册
经部/礼记类　8 行 17 字小字双行同白口四周双边双鱼尾

0362　**礼记二十卷**
（汉）郑氏注
清刻本　5 册
经部/礼记类　8 行 17 字小字双行同白口四周双边双鱼尾

0363　**礼记二十卷**
（汉）郑氏注
清刻本　5 册
经部/礼记类　8 行 17 字小字双行同白口四周双边双鱼尾　存十三卷（三至八、十四至二十）

0364　**礼节图三卷**
（清）黄以周述
清刻本　2 册
经部/礼记类　9 行 20 字白口四周单边

0365　**名物图□卷**
（清）黄以周述
清刻本　1 册
经部/礼记类　9 行 24 字白口四周单边单鱼尾　存一卷（一）

0366　**周礼折衷四卷**
（宋）魏了翁撰
清刻本　2 册
经部/周礼类　13 行 24 字同白口四周单边单鱼尾版心有字“望三益斋”

0367　**周礼折衷四卷**
（宋）魏了翁撰
清刻本　2 册
经部/周礼类　13 行 24 字同白口四周单边单鱼尾版心有字“望三益斋”

0368　**周礼折衷四卷**
（宋）魏了翁撰
清刻本　2 册
经部/周礼类　13 行 24 字同白口四周单边单鱼尾版心有字“望三益斋”

0369　**仪礼奭固十七卷**
（清）吴之英撰
民国九年（1920）名山吴氏刻本　3 册
经部/仪礼类　11 行 23 字黑口四周单边单鱼尾

0370　**仪礼奭固十七卷**
（清）吴之英撰
民国九年（1920）名山吴氏刻本　3 册
经部/仪礼类　11 行 23 字黑口四周单边单鱼尾存十四卷（四至十七）

0371　**礼记述解阐备汇参十五卷**
（宋）陈澔集注
清敦雅堂藏板刻本　8 册
经部/礼记类　分栏 9 行 22 字小字双行不同白口四周单边

0372　**仪礼十七卷**
（汉）郑氏注　（明）张尔岐句读
清刻本　7 册
经部/仪礼类　9 行 17 字小字双行同白口四周单边

0373　**仪礼图六卷**
（清）张惠言述
清同治九年（1870）楚北崇文书局刻本 3 册
经部/仪礼类　11 行 22 字白口四周双边双鱼尾

0374　**仪礼图六卷**
（清）张惠言述

清同治九年（1870）楚北崇文书局刻本　3 册
经部/仪礼类　11 行 22 字白口四周双边双鱼尾

0375　仪礼图六卷
（清）张惠言述
清同治九年（1870）楚北崇文书局刻本　3 册
经部/仪礼类　11 行 22 字白口四周双边双鱼尾

0376　分撰两戴记章句一卷
（清）廖平撰
民国十年（1920）四川存古书局刻本　1册
经部/礼记类　10 行 19 字黑口四周单边单鱼尾

0377　周礼音训不分卷
（清）杨国桢撰
清光绪三年（1877）湖北崇文书局刻本　2 册
经部/周礼类　7 行 21 字小字单行不同白口四周单边单鱼尾

0378　仪礼音训不分卷
（清）杨国桢撰
清光绪三年（1877）湖北崇文书局刻本　2 册
经部/仪礼类　7 行 21 字小字单行不同白口四周单边单鱼尾

0379　礼记音训不分卷
（清）杨国桢撰
清光绪三年（1877）湖北崇文书局刻本　4 册
经部/礼记类　7 行 21 字小字单行不同白口四周单边单鱼尾

0380　仪礼十七卷
（汉）郑玄注
清刻本　1 册
经部/仪礼类　14 行 25 字小字双行不同白口四周单边单鱼尾　存五卷（十一至十五）

0381　仪礼十七卷
（汉）郑玄注
清刻本　4 册
经部/仪礼类　8 行 17 字小字双行同白口四周单边　存十四卷（一至十、十四至十七）

0382　文公家礼仪节八卷
（宋）杨廷药订　（宋）钱时刊　（明）丘浚辑
清光绪十一年（1885）仲秋刻本　1 册
经部/仪礼类　9 行 21 字小字双行同白口四周单边单鱼尾　存一卷（一）

0383　礼记释注四卷
（清）丁晏撰
清刻本　1 册
经部/礼记类　9 行 20 字黑口四周单边单鱼尾　存二卷（三至四）

0384　礼记旁训六卷
（清）徐立纲辑
清刻本　4 册
经部/礼记类　分栏 8 行 20 字小字单行不同白口四周单边单鱼尾版心有字“古香阁”　存四卷（二至四、六）

0385　礼书通故五十卷
（清）黄以周述

清光绪十九年（1893）定海黄氏试馆刻本 20册
经部/礼记类 10行21字黑口四周双边

0386 **礼记章句四十九卷**
（清）王夫之撰
清同治四年（1865）金陵湘乡曾国荃刻本 4册
经部/礼记类 10行22字小字双行同黑口四周单边双鱼尾 存十四卷(五至六、二十六至三十、四十三至四十九）

0387 **律吕新义四卷附录一卷**
（清）江永慎修著
清光绪十六至二十五年（1890—1899）刻本 2册
经部/乐类 8行18字小字双行同白口四周单边单鱼尾

0388 **律吕新义四卷附录一卷**
（清）江永慎修著
清光绪十六至二十五年（1890—1899）刻本 1册
经部/乐类 8行18字小字双行同白口四周单边单鱼尾 存二卷（三至四）

0389 **律吕臆说一卷**
（清）徐养原撰
清刻本 2册
经部/乐类 8行18字小字双行同白口四周单边单鱼尾

0390 **周礼政要二卷**
（清）孙诒让著
清刻本 1册
经部/周礼类 14行31字白口四周双边单鱼尾

0391 **乐书要录残三卷**
（唐）武则天撰
清光绪六年至九年（1880—1883）湖北崇文书局刻本 1册
经部/乐类 9行18字白口四周单边单鱼尾 存三卷（五至七）

0392 **乐书要录残三卷**
（唐）武则天撰
清光绪六年至九年（1880—1883）湖北崇文书局刻本 1册
经部/乐类 9行18字白口四周单边单鱼尾 存三卷（五至七）

0393 **各省课艺汇海□卷**
（清）撷云腴山馆主人辑
清光绪十一年（1885）上海同文书局刻本 3册
经部/小学类 31行58字白口四周单边单鱼尾

0394 **春秋世族谱不分卷**
（清）陈厚耀撰 （清）徐干校刊
清刻本 1册
经部/春秋总义类 9行22字白口四周单边单鱼尾版心有字“邵武徐氏刊”

0395 **续春秋左传博议二卷**
（清）王夫之撰
清刻本 1册
经部/春秋总义类 10行22字黑口四周单边双鱼尾

0396 **春秋董氏学八卷**
（清）康有为广夏学
清上海大同译书局刊刻本 1册
经部/春秋总义类 12行24字黑口四周单边 存二卷（一至二）

0397 **春秋左氏函传义一卷**
（晋）干宝撰

清刻本　1 册
经部/春秋左传类　9 行 20 字小字双行同黑口四周双边

0398　**精校左绣三十卷**
（晋）杜预原本　（宋）林尧叟附注
清刻本　14 册
经部/春秋左传类　分栏 13 行 24 字小字双行不同黑口四周双边单鱼尾版心有字“上海会文堂印行”　存二十六卷（五至三十）

0399　**春秋世论五卷**
（清）王夫之撰
清刻本　1 册
经部/春秋总义类　11 行 27 字黑口四周单边双鱼尾

0400　**春秋世论五卷**
（清）王夫之撰
清刻本　1 册
经部/春秋总义类　10 行 22 字黑口四周单边双鱼尾　存二卷（四至五）

0401　**何氏公羊解诂三十论一卷**
（清）廖平撰
清刻本　1 册
经部/春秋公羊类　10 行 20 字小字双行同黑口四周单边单鱼尾

0402　**春秋□卷**
（清）王氏笺
清光绪十一年（1885）仲夏成都尊经书局刻本　2 册
经部/春秋总义类　8 行 17 字小字双行同白口四周双边双鱼尾

0403　**春秋三十卷**
（宋）胡安国传
清刻本　8 册
经部/春秋总义类　9 行 18 字小字双行同白口四周单边单鱼尾

0404　**左传句解汇隽六卷**
（清）韩菼辑
清刻本　3 册
经部/春秋左传类　分栏 10 行 25 字小字双行同白口四周单边单鱼尾　存三卷（三至四、六）

0405　**书中候弘道编不分卷**
（清）廖平撰
民国十二年（1923）成都存古书局刻本　1 册
经部/春秋总义类　12 行 25 字小字双行同白口四周双边单鱼尾

0406　**王制订一卷王制集说一卷**
（清）廖平撰
清光绪十一年（1885）成都尊经书局刻本　1 册
经部/礼记类　12 行 25 字小字双行同白口四周双边单鱼尾

0407　**功顺堂丛书：春秋左氏传地名补注十二卷**
（清）潘祖荫辑
清吴县潘氏刻本　5 册
经部/春秋左传类　9 行 22 字小字双行同黑口四周单边单鱼尾

0408　**功顺堂丛书：春秋左氏传地名补注十二卷**
（清）潘祖荫辑
清吴县潘氏刻本　2 册
经部/春秋左传类　9 行 22 字小字双行同黑口四周单边单鱼尾

0409　春秋释例十五卷
（晋）杜预撰　（清）孙星衍校
清刻本　7 册
经部/春秋总义类　10 行 21 字小字双行同白口四周单边单鱼尾

0410　公羊传初学读本不分卷
（清）万廷兰辑
清光绪二年（1876）四川学院衙门刻本　4 册
经部/春秋公羊类　10 行 20 字小字双行同黑口四周双边双鱼尾

0411　春秋集义十二卷
（清）方宗诚述
清光绪八年（1882）刻柏堂遗书刻本　3册
经部/春秋总义类　11 行 21 字小字双行同黑口四周单边单鱼尾　存七卷（六至十二）

0412　春秋诗话五卷
（清）劳孝舆撰
清道光廿五年（1845）刻本　1 册
经部/春秋总义类　11 行 22 字小字双行同黑口四周单边双鱼尾版心有字“粤雅堂校刊”

0413　春秋家说三卷
（清）王夫之撰
清同治四年（1865）金陵湘乡曾国荃刻船山遗书刻本　2 册
经部/春秋总义类　10 行 22 字黑口四周单边双鱼尾　存二卷（上、下）

0414　春秋列表二十八卷
（清）王代丰撰
清光绪七年（1881）刻本　1 册
经部/春秋总义类　8 行 21 字小字双行同白口四周双边双鱼尾

0415　春秋列表二十八卷
（清）王代丰撰
清光绪七年（1881）刻本　1 册
经部/春秋总义类　8 行 21 字小字双行同白口四周双边双鱼尾

0416　春秋谷梁注疏二十卷
（晋）范宁集解　（唐）陆德明音义
清同治十年（1871）刻本　4 册
经部/春秋谷梁类　10 行 21 字小字双行同白口四周单边单鱼尾　存十三卷（八至二十）

0417　春秋左传句解六卷
（清）韩菼重订
民国十三年（1924）上海大成书局石印本　3 册
经部/春秋左传类　12 行 24 字小字双行不同白口四周双边单鱼尾版心有字“上海大成书局发行”　存三卷（四至六）

0418　春秋古本提纲秘注四卷
（东周）孔子原经　（后汉）关子秘注
清刻本　4 册
经部/春秋总义类　10 行 23 字小字双行同白口四周双边单鱼尾版心有字“成都春熙路北段博文石印社代印”

0419　春秋属辞辨例编六十卷首一卷
（清）张应昌撰
清同治十二年（1873）江苏书局刻本　28册
经部/春秋总义类　12行26字小字双行同黑口四周单边单鱼尾　存五十五卷（首、一至八、十一至四十五、五十至六十）

0420　春秋□卷
（清）王掞等撰

民国影印本　3 册
经部/春秋总义类　10 行 21 字白口四周单边单鱼尾

0421　左传纪事本末五十三卷
（清）高士奇撰
清同治十二年（1873）江西书局刻本　1册
经部/春秋左传类　18 行 36 字白口四周单边单鱼尾　存六卷（二十六至三十一）

0422　春秋经传集解三十卷
（晋）杜预撰
清刻本　4 册
经部/春秋总义类　8 行 17 字小字双行同白口四周双边双鱼尾　存九卷（一至二、二十四至三十）

0423　春秋繁露十七卷
（汉）董仲舒著
民国元年（1912）鄂官书处刻本　2 册
经部/春秋公羊类　12 行 24 字小字双行同黑口四周双边双鱼尾

0424　春秋繁露十七卷
（汉）董仲舒著
民国元年（1912）鄂官书处刻本　2 册
经部/春秋公羊类　12 行 24 字小字双行同黑口四周双边双鱼尾

0425　春秋繁露十七卷
（汉）董仲舒著
民国元年（1912）鄂官书处刻本　3 册
经部/春秋公羊类　12 行 24 字小字双行同黑口四周双边双鱼尾

0426　春秋繁露十七卷
（汉）董仲舒著
民国元年（1912）鄂官书处刻本　3 册
经部/春秋公羊类　12 行 24 字小字双行同黑口四周双边双鱼尾

0427　春秋繁露十七卷
（汉）董仲舒著
民国元年（1912）鄂官书处刻本　1 册
经部/春秋公羊类　12 行 24 字小字双行同黑口四周双边双鱼尾　存六卷（六至十一）

0428　春秋繁露十七卷
（汉）董仲舒著
清光绪二年（1876）刻本　2 册
经部/春秋公羊类　12 行 24 字小字双行同黑口四周双边双鱼尾

0429　春秋繁露十七卷
（汉）董仲舒著
清光绪二十年（1894）艺文书局刻本　2 册
经部/春秋公羊类　9 行 20 字白口四周单边单鱼尾　存十卷（一至十）

0430　董子春秋繁露十七卷
（汉）董仲舒著
清光绪二年（1876）浙江书局据卢氏抱经堂刻本　2 册
经部/春秋公羊类　9 行 21 字小字双行同白口四周单边单鱼尾

0431　董子春秋繁露十七卷
（汉）董仲舒著
清光绪二年（1876）浙江书局据卢氏抱经堂刻本　2 册
经部/春秋公羊类　9 行 21 字小字双行同白口四周单边单鱼尾

0432　董子春秋繁露十七卷
（汉）董仲舒著
清光绪二年（1876）浙江书局据卢氏抱经堂刻本　1 册

经部/春秋公羊类　9行21字小字双行同白口四周单边单鱼尾　存八卷（一至八）

0433　评点春秋纲目左传句解汇隽六卷
（清）韩菼重订
民国十六年（1927）无讹自流井东源街舫春阁石印本　3册
经部/春秋左传类　10行24字小字双行同白口四周单边单鱼尾　存三卷（一至三）

0434　评点春秋纲目左传句解汇隽六卷
（清）韩菼重订
民国十六年（1927）无讹自流井东源街舫春阁石印本　1册
经部/春秋左传类　10行24字小字双行同白口四周单边单鱼尾　存一卷

0435　评点春秋纲目左传句解汇隽六卷
（清）韩菼重订
清末上海昌文书局刻本　2册
经部/春秋左传类　10行24字小字双行同白口四周单边单鱼尾　存二卷（四至五）

0436　评点春秋纲目左传句解汇隽六卷
（清）韩菼重订
清聚元堂石印本　6册
经部/春秋左传类　10行24字小字双行同白口四周单边单鱼尾

0437　经传沿革例一卷
（宋）岳珂撰
民国二年（1913）成都存古书局刻本　1册
经部/群经总义类　8行18字小字双行同黑口四周双边双鱼尾

0438　春秋集义十二卷
（清）方宗诚述
清光绪八年（1882）刻本　1册
经部/春秋总义类　11行21字小字双行同黑口四周单边单鱼尾　存三卷（一至三）

0439　春秋备旨十二卷
（清）邹圣脉纂辑
清刻本　4册
经部/春秋总义类　分栏10行20字小字双行同白口四周单边单鱼尾

0440　左传古本分年考□卷
（清）俞樾撰
清光绪二十五年（1899）刻本　1册
经部/春秋左传类　10行21字小字双行同白口四周单边单鱼尾　存七卷（十四至二十）

0441　春秋三十卷
（清）王掞等撰
清乾隆三十年（1765）登云堂刻本　8册
经部/春秋总义类　分栏9行18字小字双行同白口四周单边

0442　春秋大事表五十卷
（清）顾栋高撰
清同治十二年（1873）平远丁氏刻本　9册
经部/春秋总义类　11行25字小字双行不同白口四周双边　存二十六卷（一、四、五、八至九、二十五至三十六、四十二至五十）

0443　春秋图表二卷春秋经传集解三十卷附春秋年表一卷春秋名号归一图二卷
（清）廖平撰
清刻本　2册
经部/春秋总义类　8行17字小字双行同白口四周双边双鱼尾　存四卷（归一图上、下，年表一，图表下）

0444　春秋图表二卷
（清）廖平撰
清刻本　1册

经部/春秋总义类　8 行 17 字小字双行同白口四周双边双鱼尾　存四卷（归一图上、下，年表一，年表考证一）

0445　春秋图表二卷
（清）廖平撰
清刻本　1 册
经部/春秋总义类　8 行 17 字小字双行同白口四周双边双鱼尾　存四卷（归一图上、下，年表一，年表考证一）

0446　绘图左传句解六卷
（清）韩菼重订
清宣统元年（1909）刻本　1 册
经部/春秋左传类　14 行 36 字小字双行同白口四周双边单鱼尾

0447　春秋左传句解六卷
（清）韩菼辑
民国十三年（1924）刻本　3 册
经部/春秋左传类　12 行 24 字小字双行同白口四周双边单鱼尾版心有字“上海大成书局发行”　存三卷（一至三）

0448　春秋复始三十八卷
（清）崔适撰
清刻本　2 册
经部/春秋总义类　13 行 33 字小字双行不同黑口四周双边单鱼尾　存十二卷（一至六、十九至二十四）

0449　春秋公羊传音训不分卷
（汉）何休注
清刻本　1 册
经部/春秋公羊类　7 行 22 字小字双行不同白口四周单边单鱼尾

0450　春秋公羊传注疏二十八卷
（汉）何休注　（唐）徐彦疏
清光绪十八年（1892）刻本　12 册
经部/春秋公羊类　10 行 17 字小字双行不同黑口四周单边双鱼尾

0451　春秋公羊注疏二十八卷
（汉）何休学
清刻本　9 册
经部/春秋公羊类　9 行 21 字小字双行同白口四周单边

0452　春秋谷梁注疏二十卷
（晋）范宁集解　（唐）陆德明音义
清刻本　2 册
经部/春秋谷梁类　10行21字小字双行同白口四周单边单鱼尾　存七卷（一至七）

0453　春秋谷梁注疏二十卷
（晋）范宁集解　（唐）杨士勋疏
清刻本　8 册
经部/春秋谷梁类　9 行 21 字小字双行同白口四周单边

0454　谷梁传初学读本不分卷
（清）万廷兰辑
清光绪二年（1876）刻本　1 册
经部/春秋谷梁类　10 行 20 字黑口四周双边双鱼尾

0455　谷梁传初学读本不分卷
（清）万廷兰辑
清光绪二年（1876）刻本　1 册
经部/春秋谷梁类　10 行 20 字黑口四周双边双鱼尾

0456　谷梁传初学读本不分卷
（清）万廷兰辑
清光绪二年（1876）刻本　1 册
经部/春秋谷梁类　10 行 20 字黑口四周双边双鱼尾

0457 **春秋谷梁传十二卷**
（晋）范宁集解
清刻本 2册
经部/春秋谷梁类 11行19字小字双行不同黑口四周单边双鱼尾

0458 **春秋谷梁传十二卷**
（晋）范宁集解
清刻本 1册
经部/春秋谷梁类 11行19字小字双行不同黑口四周单边双鱼尾 存三卷（三至五）

0459 **春秋谷梁传注疏二十卷**
（晋）范宁集解 （唐）杨士勋疏
清刻本 6册
经部/春秋谷梁类 10行17字小字双行不同黑口四周单边双鱼尾 存十八卷（三至二十）

0460 **春秋谷梁传十二卷**
（晋）范宁集解 （唐）陆德明音义
清光绪十二年（1886）湖北官书处刻本 4册
经部/春秋谷梁类 9行17字小字双行同白口四周双边单鱼尾

0461 **春秋谷梁传十二卷**
（晋）范宁集解 （唐）陆德明音义
清光绪十二年（1886）湖北官书处刻本 4册
经部/春秋谷梁类 9行17字小字双行同白口四周双边单鱼尾

0462 **春秋谷梁传十二卷**
（晋）范宁集解 （唐）陆德明音义
清光绪十二年（1886）湖北官书处刻本 3册
经部/春秋谷梁类 9行17字小字双行同白口四周双边单鱼尾

0463 **春秋谷梁传十二卷**
（晋）范宁集解 （唐）陆德明音义
清光绪十二年（1886）湖北官书处刻本 2册
经部/春秋谷梁类 9行17字小字双行同白口四周双边单鱼尾

0464 **春秋左传分类赋四卷**
（清）夏大观编撰
清宏道堂刻本 4册
经部/春秋左传类 8行20字小字双行同黑口四周单边双鱼尾

0465 **春秋左传初学读本不分卷**
（清）万廷兰辑
清光绪二年（1876）四川学院刻本 7册
经部/春秋左传类 10行19字小字双行同黑口四周双边双鱼尾

0466 **春秋左传初学读本不分卷**
（清）万廷兰辑
清光绪二年（1876）四川学院刻本 7册
经部/春秋左传类 10行19字小字双行同黑口四周双边双鱼尾

0467 **春秋左传初学读本不分卷**
（清）万廷兰辑
清光绪二年（1876）四川学院刻本 6册
经部/春秋左传类 10行19字小字双行同黑口四周双边双鱼尾

0468 **春秋左传初学读本不分卷**
（清）万廷兰辑
清光绪二年（1876）四川学院刻本 5册
经部/春秋左传类 10行19字小字双行同黑口四周双边双鱼尾

0469 **春秋左传初学读本不分卷**
（清）万廷兰辑

清光绪二年（1876）四川学院刻本　2册
经部/春秋左传类　10 行 19 字小字双行同黑口四周双边双鱼尾

0470　**春秋左传初学读本不分卷**
（清）万廷兰辑
清光绪二年（1876）四川学院刻本　1册
经部/春秋左传类　10 行 19 字小字双行同黑口四周双边双鱼尾

0471　**春秋左传初学读本不分卷**
（清）万廷兰辑
清光绪二年（1876）四川学院刻本　1册
经部/春秋左传类　10 行 19 字小字双行同黑口四周双边双鱼尾

0472　**春秋左传集解三十卷**
（晋）杜预原本　（宋）林尧叟附注
清刻本　16 册
经部/春秋左传类　分栏 8 行 20 字小字双行同白口四周单边单鱼尾

0473　**春秋左传注疏六十卷**
（清）孔颖达撰
清刻本　8 册
经部/春秋左传类　10 行 17 字小字双不行同黑口四周单边双鱼尾存十六卷（一至十六）

0474 **春秋经传集解三十卷**
（清）杜氏注
清刻本　1 册
经部/春秋总义类　10 行 20 字小字双行同白口四周单边双鱼尾版心有字“中华书局聚珍仿宋版印”　存三卷（六至八）

0475　**春秋经传集解三十卷**
（晋）杜预注　（宋）林尧叟附注
清宏道堂刻本　10 册
经部/春秋总义类　分栏 8 行 20 字小字双行同白口四周单边单鱼尾　存二十八卷（一至二十八）

0476　**春秋经传集解三十卷**
（晋）杜预注　（宋）林尧叟附注
清刻本　16 册
经部/春秋总义类　分栏 8 行 20 字小字双行同白口四周单边单鱼尾

0477　**春秋经传集解三十卷**
（晋）杜预注　（宋）林尧叟附注
清刻本　5 册
经部/春秋总义类　分栏 8 行 20 字小字双行同白口四周单边单鱼尾　存九卷（一至五，十五至十八）

0478　**春秋左传五十卷**
（晋）杜预注释　（宋）林尧叟注释
清光绪三十四年（1908）善成堂刻本　11 册
经部/春秋左传类　分栏 9 行 20 字小字双行同白口四周单边单鱼尾

0479　**春秋左传三十卷**
（晋）杜预注
清同治七年（1868）楚北崇文书局刻本　12 册
经部/春秋左传类　9 行 17 字小字双行同白口四周双边单鱼尾

0480　**春秋左传三十卷**
（晋）杜预注
清光绪十二年（1886）湖北官书处刻本　12 册
经部/春秋左传类　9 行 17 字小字双行同白口四周双边单鱼尾

0481　**春秋左传三十卷**
（晋）杜预注

清光绪十二年（1886）湖北官书处刻本
12 册
经部/春秋左传类　9 行 17 字小字双行同白口四周双边单鱼尾

0482　**春秋左传精义旁训十八卷**
（清）魏朝俊辑
清光绪十年（1884）古香阁魏氏刻本
12 册
经部/春秋左传类　分栏 8 行 20 字小字单行不同白口四周单边单鱼尾版心有字“古香阁”

0483　**春秋公羊传十一卷**
（汉）何休学　（唐）陆德明音义
清光绪八年（1882）湖北官书处刻本　4册
经部/春秋公羊类　9 行 17 字小字双行同白口四周单边

0484　**春秋公羊传十一卷**
（汉）何休学　（唐）陆德明音义
清光绪八年（1882）湖北官书处刻本　4册
经部/春秋公羊类　9 行 17 字小字双行同白口四周单边

0485　**春秋左传音训不分卷**
（清）杨国桢撰
清道光十年（1830）大梁书院刻本　8册
经部/春秋左传类　7 行 22 字小字单行不同白口四周单边单鱼尾

0486　**春秋注疏六十卷**
（晋）杜氏注　（唐）孔颖达疏
清刻本　24 册
经部/春秋总义类　9 行 20 字小字双行同白口四周单边

0487　**钦定春秋传说汇纂三十八卷首一卷**
（清）王掞等撰
清光绪三十年（1904）上海育文书局石印本　2 册
经部/春秋总义类　24 行 54 字小字双行同白口四周单边单鱼尾　存二十五卷（首、卷一至十、二十五至三十八）

0488　**春秋经传集解三十卷**
（晋）杜预注　（宋）林尧叟附注
清刻本　16 册
经部/春秋总义类　分栏 8 行 20 字小字双行同白口四周单边单鱼尾

0489　**春秋经传集解三十卷**
（晋）杜预注　（宋）林尧叟附注
清刻本　8 册
经部/春秋总义类　分栏 8 行 20 字小字双行同白口四周单边单鱼尾　存十八卷（十三至三十）

0490　**春秋经传集解三十卷**
（晋）杜预注　（宋）林尧叟附注
清刻本　9 册
经部/春秋总义类　分栏 8 行 20 字小字双行同白口四周单边单鱼尾　存十八卷（二至六、九至十四、十九至二十三、二十八至二十九）

0491　**春秋经传集解三十卷**
（晋）杜预注　（宋）林尧叟附注
清刻本　6 册
经部/春秋总义类　分栏 8 行 20 字小字双行同白口四周单边单鱼尾　存十二卷（六至十、十五至十七、二十五至二十八）

0492　**春秋经传集解三十卷**
（晋）杜预注　（宋）林尧叟附注
清刻本　4 册
经部/春秋总义类　分栏 8 行 20 字小字双行同白口四周单边单鱼尾　存四卷

（十九至二十、二十七至二十八）

0493　**春秋经传集解三十卷**
（晋）杜预注　（宋）林尧叟附注
清刻本　2册
经部/春秋总义类　分栏8行20字小字双行同白口四周单边单鱼尾　存四卷（十九至二十、二十九至三十）

0494　**春秋经传集解□卷**
（晋）杜预注　（宋）林尧叟附注
清刻本　1册
经部/春秋总义类　8行17字小字双行同白口四周双边双鱼尾　存四卷（十六至十九）

0495　**春秋左传读本十八卷**
（清）周樽眉订　（清）王翼轩参阅
（清）贾聘炃校对
清咸丰三年（1853）竹桥斋刻本　5册
经部/春秋总义类　9行22字小字单行不同白口四周双边单鱼尾　存十三卷（一至十三）

0496　**春秋谷梁传注疏□卷**
（唐）杨士勋疏
清道光六年（1826）南昌府学□□刻本　1册
经部/春秋谷梁类　10行19字小字双行同黑口四周单边单鱼尾　存二卷（一至二卷）

0497　**春秋左氏古经说义十二卷**
（清）廖平撰
清刻本　1册
经部/春秋总义类　13行25字小字双行同黑口四周双边双鱼尾　存二卷（十一至十二）

0498　**唱经堂左传释一卷**
（清）金人瑞撰
清刻本　1册
经部/春秋总义类　11行32字小字双行同黑口四周单边版心有字“风雨楼”

0499　**春秋经传集解三十卷**
（晋）杜预撰　（唐）陆德明音义
清刻本　1册
经部/春秋总义类　分栏8行20字小字双行同白口四周单边单鱼尾　存六卷（二十至二十五）

0500　**公羊逸礼考征一卷辅行记一卷**
（清）陈奂撰
清吴县潘氏刻本　1册
经部/春秋公羊类　10行21字小字双行同黑口四周单边单鱼尾

0501　**春秋左传初学读本不分卷**
（清）万廷兰辑
清光绪二年（1876）四川学院刻本　1册
经部/春秋左传类　10行20字小字双行同黑口四周单边双鱼尾

0502　**春秋属辞辨例编六十卷首二卷**
（清）张应昌撰
清刻本　1册
经部/春秋总义类　15行25字小字双行同黑口四周单边单鱼尾　存二卷（九至十）

0503　**春秋繁露十七卷**
（汉）董仲舒撰
清刻本　1册
经部/春秋公羊类　9行20字小字双行同白口四周单边单鱼尾　存七卷（十一至十七）

0504　**春秋左传补注六卷**
（清）惠定宇著

清潮阳县衙锓版刻本　2册
经部/春秋总义类　11行21字小字双行同黑口四周单边单鱼尾

0505　**说左约笺二卷**
（清）夏大观笺注　（清）冯李骅编撰
盛海青藏版清宏道堂刻本　2册
经部/春秋总义类　8行20字小字双行同黑口四周单边双鱼尾

0506　**分国左传十八卷**
（清）曹基德编次　（清）张兼念参订
（清）张典怀参订
清致和堂刻本　2册
经部/春秋左传类　9行21字小字双行同白口四周单边单鱼尾　存二卷（二、十六）

0507　**春秋稗疏二卷**
（清）王夫之撰
清同治四年（1865）湘乡曾氏陵节刻本1册
经部/春秋总义类　10行22字小字双行同黑口四周单边双鱼尾

0508　**春秋左传旁训十八卷**
（清）魏朝俊辑
清光绪十年（1884）刻本　1册
经部/春秋左传类　分栏8行20字小字单行不同白口四周单边单鱼尾版心有字“古香阁”　存二卷（十六至十七卷）

0509　**春秋经传集解三十卷**
（晋）杜氏注
民国中华书局影印本　2册
经部/春秋总义类　10行20字小字双行同黑口四周单边双鱼尾版心有字“中华书局聚”　存六卷（卷首、上、下、三至五）

0510　**春秋释四卷**
（清）黄式三撰
清刻本　1册
经部/春秋总义类　9行22字小字双行同白口四周双边单鱼尾版心有字“儆居遗书”

0511　**春秋左传补疏五卷**
（清）焦循学
清刻本　2册
经部/春秋左传类　10行20字小字双行同黑口四周单边　存五卷（一至五）

0512　**谷梁传选二卷**
（清）储欣评选
清光绪九年（1883）静远堂刻本　1册
经部/春秋谷梁类　9行25字小字双行同白口四周双边单鱼尾

0513　**春秋公羊传读本三十卷**
（清）周樽眉订　（清）王翼轩参阅
（清）贾聘矦校封
民国十三年（1924）吴江施氏醒园刻本2册
经部/春秋公羊类　17行22字小字双行同白口四周单边单鱼尾版心有字“竹桥斋”存四卷（一至四）

0514　**春秋公羊礼疏十一卷**
（清）凌曙撰
清刻本　2册
经部/春秋公羊类　13行21字小字双行同黑口四周单边双鱼尾版心有字“尺进斋丛书”　存九卷（三至十一）

0515　**春秋谷梁传读本十二卷**
（晋）范宁集解
清刻本　1册
经部/春秋谷梁类　17行22字小字双行

同白口四周单边单鱼尾版心有字“竹桥斋” 存二卷（一至二）

0516 孝经郑注一卷
（汉）郑玄注 （清）严可均辑
清刻本 1册
经部/孝经类 9行18字小字双行同黑口四周单边版心有字“知不足斋丛书”

0517 御注孝经一卷
（唐）李隆基注
清遵义黎氏刻本 1册
经部/孝经类 6行15字小字双行同白口四周单边

0518 御注孝经一卷
（唐）李隆基注
清礼部校刊四库馆珍藏刻本 1册
经部/孝经类 12行12字白口四周单边

0519 孝经今译□卷
（民国）张佩严著
民国四年（1915）七月初刻本 1册
经部/孝经类 10行13字小字双行不同白口四周双边单鱼尾 存一卷（一）

0520 论语集解十卷
（魏）何晏集解
清刻本 1册
经部/四书类 6行13字小字双行同黑口四周单边

0521 孝经学凡例一卷家学树坊一卷
（清）廖平撰
清刻本 1册
经部/孝经类 12行25字小字双行同白口四周双边单鱼尾

0522 孝经音训不分卷尔雅音训不分卷
（清）杨国桢撰
清光绪三年（1877）湖北崇文书局刻本 1册
经部/孝经类 14行22字小字双行同白口四周单边单鱼尾

0523 孝经注疏九卷
（宋）邢昺校
清光绪十八年（1892）湖南宝庆务本书局刻本 1册
经部/孝经类 10行20字小字双行同黑口四周单边双鱼尾

0524 孝经注疏九卷
（宋）邢昺较
清光绪十八年（1892）湖南宝庆务本书局刻本 1册
经部/孝经类 9行20字小字双行同白口四周单边

0525 孝经注疏九卷
（宋）邢昺较
清光绪十八年（1892）湖南宝庆务本书局刻本 1册
经部/孝经类 9行20字小字双行同白口四周单边

0526 春秋左传句解六卷
（清）韩菼重订
民国间上海商务印书馆刻本 2册
经部/春秋左传类 11行27字小字双行同黑口四周双边单鱼尾 存二卷（二、四）

0527 春秋公羊传十一卷
（汉）何休学 （唐）陆德明义
民国五年（1916）刻本 4册
经部/春秋公羊类 12行30字小字双行同白口四周双边单鱼尾

0528 公羊传精华不分卷
中华书局编辑
民国四年（1915）刻本 2册

经部/春秋公羊类　12 行 28 字小字双行同黑口四周双边单鱼尾版心有字“中华书局印行”

0529　左氏传说二十卷
（宋）吕祖谦撰　（清）胡凤丹校梓
清刻本　2 册
经部/春秋左传类　9 行 20 字小字双行同白口四周双边单鱼尾版心有字“退补斋藏板”　存十一卷（四至十四）

0530　春秋公羊传音训不分卷
（清）杨国桢撰
清道光十年（1830）大梁书院刻本　1 册
经部/春秋公羊类　14 行 22 字小字单行不同白口四周单边单鱼尾版心有字“第二册”

0531　求志居春秋说四卷
（清）陈世镕撰
清刻本　1 册
经部/春秋总义类　9 行 21 字小字双行同白口四周单边单鱼尾　存一卷（三）

0532　春秋左传分国土地名二卷
（清）沈淑撰
清刻本　1 册
经部/春秋左传类　9 行 15 字小字双行同白口四周单边单鱼尾　存一卷（下）

0533　春秋成公经传解诂□卷
（汉）何休解诂
清刻本　1 册
经部/春秋总义类　8行17字小字双行同白口四周双边双鱼尾　存二卷（七至八）

0534　春秋比二卷
（清）郝懿行辑
清刻本　1 册
经部/春秋总义类　10 行 21 字小字双行同黑口四周单边单鱼尾

0535　春秋左氏古经说五卷
（清）廖平著
清光绪三十四年（1908）成都中学堂刻本　1 册
经部/春秋左传类　13行25字小字双行同黑口四周双边双鱼尾　存五卷（一至五）

0536　春秋左传杜注校勘记一卷
（清）黎庶昌录
民国十一年（1922）成都大关唐氏怡兰堂刻本　1 册
经部/春秋左传类　11 行 25 字小字双行同黑口四周单边双鱼尾版心有字“怡兰堂校刊”

0537　左传撷华二卷
（民国）林纾评选
民国二十四年（1935）上海商务印书馆刻本　1 册
经部/春秋左传类　13 行 27 字小字双行同白口四周单边　存一卷（下）

0538　春秋谷梁传十二卷
（唐）陆德明义　（晋）范宁集解
民国五年（1916）上海大成书局刻本　2册
经部/春秋谷梁类　12 行 30 字小字双行同白口四周双边单鱼尾版心有字“大成书局”

0539　春秋谷梁注疏二十卷
（晋）范宁集解　（唐）杨士勋疏
清刻本　1 册
经部/春秋谷梁类　9 行 21 字小字双行同白口四周单边　存四卷（十四至十七）

0540　左传评三卷
（清）李文渊撰
清乾隆三十年（1765）刻本　1 册
经部/春秋左传类　11 行 22 字小字双行同黑口四周单边单鱼尾

0541　谷梁古义疏十一卷
（清）张预撰
清末刻本　1册
经部/春秋谷梁类　9行21字小字双行同白口四周双边单鱼尾

0542　春秋左传五十卷
（晋）杜预　（宋）林尧叟注释
（唐）陆德明音义　（明）钟惺
（明）孙矿等评点
清刻本　1册
经部/春秋左传类　分栏9行20字小字双行同白口四周单边单鱼尾　存五卷（四十一至四十五）

0543　精校左绣三十卷，首一卷
（清）冯李骅辑
清宣统三年（1911）秋上海会文堂精校刻本　1册
经部/春秋总义类　16行38字小字双行同黑口四周双边单鱼尾版心有字“上海会文堂印行”　存二卷（一至二）

0544　谷梁传精华不分卷
中华书局编辑
民国十七年（1928）中华书局铅印本1册
经部/春秋谷梁类　12行28字小字双行同黑口四周双边单鱼尾版心有字“中华书局印行”

0545　左传菁华录二十四卷
（清）吴曾祺评注
民国铅印本　1册
经部/春秋左传类　13行27字小字双行同白口四周单边　存四卷(十三至十六)

0546　春秋左传五十卷
（晋）杜预　（宋）林尧叟注释
（唐）陆德明音义
清光绪三十四年（1908）善成堂刻本11册
经部/春秋左传类　12行28字小字双行同白口四周双边单鱼尾　存四十七卷（四至五十）

0547　谷梁传初学读本二卷
（□）□□撰
清剑州卫闲道友刻本　2册
经部/春秋谷梁类　10行20字小字双行同黑口四周双边双鱼尾

0548　谷梁传初学读本二卷
（□）□□撰
清剑州卫闲道友刻本　2册
经部/春秋谷梁类　10行20字小字双行同黑口四周双边双鱼尾

0549　谷梁传初学读本二卷
（□）□□撰
清剑州卫闲道友刻本　2册
经部/春秋谷梁类　10行20字小字双行同黑口四周双边双鱼尾

0550　公羊传初学读本不分卷
（清）□□编
清南昌万廷兰芝堂刻本　2册
经部/春秋总义类　10行20字小字双行同黑口四周双边双鱼尾

0551　公羊传初学读本不分卷
（清）□□编
清南昌万廷兰芝堂刻本　2册
经部/春秋总义类　10行20字小字双行同黑口四周双边双鱼尾

0552　公羊传初学读本不分卷
（清）□□编
清南昌万廷兰芝堂刻本　2册
经部/春秋总义类　10行20字小字双行

同黑口四周双边双鱼尾

0553　公羊传初学读本不分卷
（清）□□编
清南昌万廷兰芝堂刻本　2 册
经部/春秋总义类　10 行 20 字小字双行同黑口四周双边双鱼尾

0554　春秋公羊传十二卷
（唐）陆德明音义
清光绪十二年（1886）湖北官书处刻本　4 册
经部/春秋总义类　9 行 17 字小字双行同白口四周双边单鱼尾

0555　公羊哲学□卷
（清）陈柱著
民国十八年（1929）上海中华书局刻本　2 册
经部/春秋总义类　11 行 20 字小字双行同黑口四周双边单鱼尾版心有字“中华书局聚”

0556　春秋属辞辨例编六十卷首二卷
（清）张应昌撰
清刻本　3 册
经部/春秋总义类　12 行 25 字小字双行同黑口四周单边单鱼尾　存四卷（四十六至四十九）

0557　春秋夏正二卷
（清）胡天游
清刻本　1 册
经部/春秋总义类　11 行 20 字小字双行同黑口四周单边双鱼尾

0558　春秋左传读本三十卷
（清）英和等著
清刻本　3 册
经部/春秋左传类　10 行 22 字小字单行不同白口四周单边单鱼尾版心有字“竹桥斋”　存五卷（存十四至十八）

0559　周人经说八卷
（清）王绍兰
清光绪十二年（1886）吴县潘氏刻本　1册
经部/春秋总义类　9 行 22 字小字双行同黑口四周单边单鱼尾　存二卷（一至二）

0560　春秋啖赵二先生集传辩疑十卷
（唐）陆淳纂
清刻本　2 册
经部/春秋总义类　10行21字小字双行同白口四周单边单鱼尾　存十卷（一至十）

0561　春秋微旨二卷
（唐）陆淳纂
清嘉兴钱氏苑刻本　1 册
经部/春秋总义类　10 行 21 字小字双行同白口四周单边单鱼尾

0562　春秋啖赵集传纂例十卷
（唐）陆淳纂
清刻本　1 册
经部/春秋总义类　10行21字小字双行同白口四周单边单鱼尾　存四卷（七至十）

0563　左传纪事本末五十三卷
（清）高士奇辑　（清）闵萃祥勘
清光绪二十九年（1903）文盛书局石印本　3 册
经部/纪事本末类　22 行 48 字白口四周单边单鱼尾　存四十一卷（一、三至十八、三十至四十四、四十五至五十三）

0564　附释音春秋左传注疏六十卷
（晋）杜氏注　（唐）孔颖达疏

清刻本　4 册
经部/春秋左传类　10 行 17 字小字双行同黑口四周单边双鱼尾　存九卷（九至十、二十三至二十五、二十六至二十七、三十至三十一）

0565　评点春秋纲目左传句解汇隽六卷
（清）韩慕卢重订
民国十八年（1929）铅印本　1 册
经部/春秋左传类　16 行 34 字小字双行同白口四周双边单鱼尾

0566　评点春秋纲目左传句解汇隽六卷
（清）韩菼重订
清刻本　4 册
经部/春秋左传类　13 行 25 字小字双行同黑口四周双边单鱼尾版心有字“上海文华书局”　存四卷（三至六）

0567　春秋左传句解六卷
（清）韩菼重订
民国三年（1914）上海商务印书馆铅印本　3 册
经部/春秋左传类　11行27字小字双行同黑口四周双边单鱼尾　存三卷（四至六）

0568　春秋左传句解六卷
（清）韩菼重订
民国三年（1914）上海商务印书馆铅印本 1 册
经部/春秋左传类　11 行 27 字小字双行同黑口四周双边单鱼尾　存一卷（六）

0569　左传句解汇隽六卷
（清）韩慕卢重订
清光绪十年（1884）锦文堂记刻本　3册
经部/春秋左传类　10 行 25 字小字双行同白口四周单边单鱼尾　存三卷（一至二、五）

0570　评点春秋纲目左传句解汇隽六卷
（清）韩慕卢重订
清宏道堂刻本　6 册
经部/春秋左传类　10 行 24 字小字双行同白口四周单边单鱼尾

0571　评点春秋纲目左传句解汇隽六卷
（清）韩慕卢重订
清宏道堂刻本　6 册
经部/春秋左传类　10 行 24 字小字双行同白口四周单边单鱼尾

0572　评点春秋纲目左传句解汇隽六卷
（清）韩慕卢重订
清宏道堂刻本　5 册
经部/春秋左传类　10行24字小字双行同白口四周单边单鱼尾　存五卷（二至六）

0573　评点春秋纲目左传句解汇隽六卷
（清）韩慕卢重订
清宏道堂刻本　4 册
经部/春秋左传类　10行24字小字双行同白口四周单边单鱼尾　存四卷（二至五）

0574　评点春秋纲目左传句解汇隽六卷
（清）韩慕卢重订
清宏道堂刻本　1 册
经部/春秋左传类　10 行 24 字小字双行同白口四周单边单鱼尾　存一卷（六）

0575　读左补义五十卷卷首一卷
（清）姜炳璋辑
清刻本　13 册
经部/春秋左传类　11 行 23 字小字双行同白口四周单边单鱼尾　存四十八卷（一至十、十四至五十）

0576　春秋左传五十卷
（晋）杜预注　（宋）林尧叟注释

（唐）陆德明音义　（明）钟惺
（明）孙矿等评点
民国铅印本　7册
经部/春秋左传类　12行27字小字双行同白口四周双边单鱼尾　存二十九卷（二十二至五十）

0577　**春秋左传五十卷**
（晋）杜预注　（宋）林尧叟注释
（唐）陆德明音义　（明）钟惺
（明）孙矿等评点
清刻本　12册
经部/春秋左传类　13行25字小字双行同白口四周双边单鱼尾

0578　**春秋左传三十卷**
（晋）杜预注　（宋）林尧叟注释
（唐）陆德明音义
清光绪三十四年（1908）商务印书馆刻本　12册
经部/春秋左传类　13行25字小字双行同白口四周双边单鱼尾

0579　**春秋左传初学读本十四卷**
（清）万廷兰撰
清剑州卫闲重刊万廷兰刻本　14册
经部/春秋左传类　10行19字小字双行同黑口四周双边双鱼尾

0580　**春秋左传精义旁训十八卷**
（清）魏朝俊辑
清光绪十年（1884）魏氏古香阁刻本　10册
经部/春秋左传类　分栏8行20字小字单行不同白口四周单边单鱼尾版心有字“古香阁”

0581　**春秋左传精义旁训十八卷**
（清）魏朝俊辑
清光绪十年（1884）魏氏古香阁刻本　6册
经部/春秋左传类　分栏8行20字小字单行不同白口四周单边单鱼尾版心有字“古香阁”　存八卷（九至十五、十八）

0582　**春秋左传精义旁训十八卷**
（清）魏朝俊辑
清光绪十年（1884）魏氏古香阁刻本　1册
经部/春秋左传类　分栏8行20字小字单行不同白口四周单边单鱼尾版心有字“古香阁”　存二卷（七至八）

0583　**春秋左传精义旁训十八卷**
（清）魏朝俊辑
清光绪十年（1884）魏氏古香阁刻本　1册
经部/春秋左传类　分栏8行20字小字单行不同白口四周单边单鱼尾版心有字“古香阁”　存八卷（七至八）

0584　**新订批注左传快读十八卷首一卷**
（清）李骏岩手辑
清乾隆五十二年（1787）刻本　16册
经部/春秋左传类　10行26字小字双行同白口四周单边单鱼尾

0585　**左传事纬十二卷**
（清）马骕补撰
民国七年（1918）尚古堂石印本　7册
经部/春秋左传类　9行21字小字双行同白口四周单边单鱼尾　存十一卷（一至五、七至十二）

0586　**左传经世钞二十三卷**
（清）魏禧冰评点　（清）彭家屏参订
清刻本　6册
经部/春秋左传类　9行20字小字双行同白口四周单边单鱼尾　存十二卷（八

至十五、十八至二十一）

0587　左传旧疏考正八卷
（清）刘文淇著
民国元年（1912）鄂官书处刻本　4 册
经部/春秋左传类　12 行 23 字小字双行同黑口四周双边双鱼尾

0588　左传旧疏考正八卷
（清）刘文淇著
清光绪三年（1877）湖北崇文书局刻本　4 册
经部/春秋左传类　11 行 24 字小字双行同黑口四周双边双鱼尾

0589　左传旧疏考正八卷
（清）刘文淇著
清光绪三年（1877）湖北崇文书局刻本　4 册
经部/春秋左传类　11 行 24 字小字双行同黑口四周双边双鱼尾

0590　左传旧疏考正八卷
（清）刘文淇著
清光绪三年（1877）湖北崇文书局刻本　4 册
经部/春秋左传类　12 行 24 字小字双行同黑口四周双边双鱼尾

0591　大学一卷中庸一卷
（清）朱熹集注
清刻本　1 册
经部/四书类　9 行 17 字小字双行同白口四周单边单鱼尾版心有字“慎诒堂”

0592　四书补注备旨十二卷
（明）邓林著　（清）杜定基订
清光绪二十一年（1895）内江成记万轴楼藏刻本　12 册
经部/四书类　分栏11行13字小字双行同白口四周单边单鱼尾版心有字“万轴楼”

0593　四书补注备旨十二卷
（明）邓林著　（清）杜定基订
清新都魏朝俊青士刻本　10 册
经部/四书类　分栏小字双行同白口四周单边单鱼尾版心有字“古香阁”　存十卷（二至十一）

0594　古本大学讲义录□卷
（清）袁祖铭著
清刻本　1 册
经部/四书类　11 行 26 字小字双行同白口四周双边单鱼尾

0595　新订四书补注备旨八卷
（明）邓林著　（清）祁文友重校
（清）杜定基增订　（清）孙煜耀编次
清乾隆四十四年（1779）刻本　6 册
经部/四书类　分栏 8 行 17 字小字双行同白口四周单边单鱼尾

0596　新订四书补注备旨九卷
（明）邓林著　（清）祁文友重校
（清）杜定基增订　（清）孙煜耀编次
清乾隆四十四年（1779）刻本　7 册
经部/四书类　分栏 8 行 17 字小字双行同白口四周单边单鱼尾

0597　新订四书补注备旨大学不分卷
（明）邓林著　（清）祁文友重校
（清）杜定基增订　（清）孙煜耀编次
清乾隆四十四年（1779）刻本　1 册
经部/四书类　分栏 8 行 17 字小字双行同白口四周单边单鱼尾

0598　新订四书补注备旨中庸不分卷
（明）邓林著　（清）祁文友重校

（清）杜定基增订　（清）孙煜耀编次
清乾隆四十四年（1779）刻本　1册
经部/四书类　分栏 8 行 17 字小字双行同白口四周单边单鱼尾

0599　新订四书补注备旨孟子四卷
（明）邓林著　（清）祁文友重校
（清）杜定基增订　（清）孙煜耀编次
清乾隆四十四年（1779）刻本　2册
经部/四书类　分栏8行17字小字双行同白口四周单边单鱼尾　存二卷（一、四）

0600　新订四书补注备旨十卷
（明）邓林著　（清）祁文友重校
（清）杜定基增订（清）孙煜耀编次
清乾隆四十四年（1779）刻本　6册
经部/四书类　分栏 8 行 17 字小字双行同白口四周单边单鱼尾　存八卷（孟子一至四，论语一至四）

0601　新订四书补注备旨十卷
（明）邓林著　（清）祁文友重校
（清）杜定基增订（清）孙煜耀编次
清乾隆四十四年（1779）刻本　5册
经部/四书类　分栏 8 行 17 字小字双行同白口四周单边单鱼尾　存七卷（孟子一至二、四卷，论语一至四）

0602　新订四书补注备旨孟子四卷
（明）邓林著　（清）祁文友重校
（清）杜定基增订　（清）孙煜耀编次
清乾隆四十四年（1779）刻本　2册
经部/四书类　分栏 8 行 17 字小字双行同白口四周单边单鱼尾　存二卷（一、四）

0603　新订四书补注备旨孟子四卷
（明）邓林著　（清）祁文友重校
（清）杜定基增订　（清）孙煜耀编次
清乾隆四十四年（1779）刻本　1册
经部/四书类　分栏 8 行 17 字小字双行同白口四周单边单鱼尾　存一卷（一）

0604　论语注疏解经二十卷
（三国魏）何晏集解　（宋）邢昺疏
清光绪十八年（1892）湖南宝庆务本书局刻本　4册
经部/四书类　10 行 23 字小字双行同黑口四周单边双鱼尾　存十七卷（一至八、十二至二十）

0605　论语后案二十卷
（清）黄式三著
清儆居业刻本　6册
经部/四书类　9行22字小字双行同白口四周单边单鱼尾版心有字“儆居丛书”
存十卷（三至十、十三至十四）

0606　仪礼注疏十七卷
（汉）郑玄注　（唐）贾公彦疏
明（1368—1644）汲古阁刻本　12册
经部/礼记类　9 行 21 字小字双行同白口左右双边无鱼尾版心有字“汲古阁”

0607　论语今译□卷
（清）张佩严撰
民国四年（1915）铅印本　1册
经部/四书类　10 行 30 字小字双行不同白口四周双边单鱼尾　存五卷（六至十）

0608　论语今译□卷
（清）张佩严撰
民国四年（1915）铅印本　1册
经部/四书类　10 行 30 字小字双行不同白口四周双边单鱼尾　存五卷（六至十）

0609　论语今译□卷
（清）张佩严撰

民国四年（1915）铅印本　1册
经部/四书类　10行30字小字双行不同白口四周双边单鱼尾　存五卷(六至十)

0610　四书反身录八卷
（清）李二曲著
清浙江书局刻本　4册
经部/四书类　9行20字小字双行同白口四周双边单鱼尾

0611　四书反身录八卷
（清）李二曲口授　（清）王心敬录
清刻本　3册
经部/四书类　9行20字小字双行同白口四周双边单鱼尾

0612　四书味根录三十七卷
（清）金澄秋谨识
清刻本　9册
经部/四书类　9行34字小字双行同白口四周单边单鱼尾　存二十四卷（大学一卷，中庸一至二卷，孟子首一、一至十，论语十一至二十卷）

0613　四书旁音七卷
（□）□□撰
民国六年（1917）文华堂刻本　7册
经部/四书类　9行18字小字双行同白口四周单边单鱼尾

0614　四书旁音七卷
（□）□□撰
民国六年（1917）文华堂刻本　1册
经部/四书类　9行18字小字双行同白口四周单边单鱼尾　存一卷（上孟上）

0615　四书旁音七卷
（□）□□撰
清光绪三十四年（1908）意文堂刻本2册
经部/四书类　9行18字小字双行同白口四周单边单鱼尾

0616　四书旁音七卷
（□）□□撰
清光绪十七年（1891）巴川文渊阁刻本7册
经部/四书类　9行18字小字双行同白口四周单边单鱼尾

0617　四书旁音七卷
（□）□□撰
清文华堂发兑刻本　5册
经部/四书类　9行18字小字双行同白口四周单边单鱼尾　存七卷（大学中庸一，论语上、下四，上孟下一、下国际地位上一）

0618　新订四书补注备旨十卷
（明）邓林撰　（清）杜定基增订
清善成堂刻本　2册
经部/四书类　8行17字小字双行同白口四周双边单鱼尾版心有字“善成堂”存三卷（大学中庸一，上论二）

0619　新订四书补注备旨十卷
（明）邓林撰　（清）杜定基增订
清宏道堂刻本　5册
经部/四书类　8行17字小字双行同白口四周双边单鱼尾版心有字“善成堂”存七卷（大学中庸一，论语一至四，孟子二、四）

0620　新订四书补注备旨十卷
（明）邓林撰　（清）杜定基增订
民国五年（1916）石印本　3册
经部/四书类　17行32字小字双行同白口四周双边单鱼尾版心有字“上海锦章

图书局印行”　存三卷（大学中庸一，下论一，下孟一）

0621　论语集解义疏十卷
（三国魏）何晏撰　（梁）皇侃疏
日本元治元年（1864）日本柳原熹兵卫刻本　3册
经部/四书类　9行 20字小字双行同黑口四周单边存六卷（三至六、九至十）

0622　增补苏批孟子二卷附年谱
（宋）苏洵原本　（清）赵大浣增补
民国上海锦章图书局石印本　2册
经部/四书类　13行 30字小字双行同黑口四周单边单鱼尾

0623　四书人物类典串珠四十卷
（清）臧志仁辑
清光绪五年（1879）宝兴堂刻本　8册
经部/四书类　9行 21字小字双行同白口四周单边单鱼尾版心有字“儒与堂”存二十四卷（一、四至二十三、二十六至二十八）

0624　四书味根录三十七卷
（清）臧志仁辑　（清）杨春浦录补
清光绪十年（1884）石印本　6册
经部/四书类　分栏 26行 31字小字双行同白口四周单边单鱼尾

0625　四书味根录三十七卷
（清）臧志仁辑　（清）杨春浦录补
清刻本　1册
经部/四书类　9行36字小字双行同白口四周单边单鱼尾　存五卷（十五至十九）

0626　四书味根录三十七卷
（清）臧志仁辑　（清）杨春浦录补
清光绪二十九年（1903）上海鸿宝斋石印本　5册
经部/四书类　15行 35字小字双行同白口四周双边单鱼尾版心有字“宝斋书局发行”

0627　四书味根录三十七卷
（清）臧志仁辑　（清）杨春浦录补
清刻本　5册
经部/四书类　18行36字小字双行同白口四周单边单鱼尾　存十四卷（一至十四）

0628　论语□卷
（□）□□撰
清森宝斋刻本　2册
经部/四书类　9行 17字小字双行同白口四周单边　存十卷（一至十）

0629　中庸章句本义汇参□卷
（清）王步青辑
清刻本　1册
经部/四书类　9行 23字小字双行同白口四周单边单鱼尾版心有字“敦复堂”存三卷（一至三）

0630　圈点四书旁训读本□卷
（宋）朱熹集注
清刻本　1册
经部/四书类　分栏 9行 18字小字双行同白口四周双边单鱼尾

0631　孟子□卷
（宋）朱熹集注
清光绪三十二年（1906）商务印书馆石印本　1册
经部/四书类　10行 24字小字双行同白口四周双边单鱼尾版心有字“商务印书馆藏板”　存三卷（一至三）

0632 孟子文评一卷
（清）杨抡升鉴定 （清）赵襄周评点
民国五年（1916）石印本 1册
经部/四书类 10行26字小字单行不同黑口四周双边单鱼尾

0633 孟子□卷
（宋）朱熹集注
清石印本 1册
经部/四书类 12行27字小字双行同白口四周 存三卷（一至三）

0634 论语□卷
（宋）朱熹集注
清刻本 1册
经部/四书类 9行17字小字双行同白口四周单边单鱼尾 存五卷（六至十）

0635 论语俟三卷
（清）陈世镕撰
清刻本 1册
经部/四书类 9行21字小字双行同白口四周单边单鱼尾 存三卷（一至三）

0636 仪礼集说十七卷
（元）敖继公集说
明（1368—1644）汲古阁刻本 12册
经部/礼记类 11行20字小字双行同白口左右双边单鱼尾

0637 论语集解义疏十卷
（魏）何晏撰 （梁）皇侃疏
清刻本 1册
经部/四书类 10行21字小字双行同白口四周单边单鱼尾 存二卷（六至七）

0638 论语注疏解经十卷
（魏）何晏撰 （梁）皇侃疏
清光绪十八年（1892）湖南宝庆务本书局刻本 5册
经部/四书类 10行17字小字双行同黑口四周单边双鱼尾

0639 论语注疏解经二十卷
（魏）何晏集解 （宋）邢昺疏
清刻本 4册
经部/四书类 9行21字小字双行同白口四周单边

0640 二曲全集二十六卷四书反身录八卷
（清）李颙撰
清湘阴奎楼蒋氏小嫏嬛山馆刻本 1册
经部/四书类 10行21字小字双行同白口四周双边单鱼尾

0641 论语□卷
（□）□□撰
清铅印本 1册
经部/四书类 18行42字白口四周双边单鱼尾

0642 四书骈题类珠四卷
（清）扬州镕铸楼主人编辑
清刻本 1册
经部/四书类 12行23字白口四周双边单鱼尾

0643 论语□卷
（宋）朱熹集注
清光绪三十二年（1906）商务印书馆石印本 1册
经部/四书类 10行25字小字双行同黑口四周双边单鱼尾版心有字“商务印书馆藏板” 存五卷（一至五）

0644 大学古本质言一卷
（清）刘沅著民国十六年（1927）夏新文化社铅印本 1册

经部/四书类　11 行 27 字小字双行同黑口四周双边单鱼尾版心有字“重庆道门口府庙”

0645　**论语话解十卷**
（清）陈浚撰
清光绪三十二年（1906）藜照书屋刻本　2 册
经部/四书类　9 行 18 字小字双行同黑口四周单边单鱼尾

0646　**论语集解义疏十卷**
（魏）何晏集解　（宋）邢昺疏
（清）王亶望重刊
清刻本　2 册
经部/四书类　9 行 20 字小字双行同黑口四周单边　存四卷（五至八）

0647　**论语□卷**
（宋）朱熹集注
清刻本　1 册
经部/四书类　9 行 17 字小字双行同白口四周单边单鱼尾　存五卷（六至十）

0648　**论语□卷**
（宋）朱熹集注
清慎诒堂刻本　2 册
经部/四书类　9 行 17 字小字双行同白口四周单边单鱼尾版心有字“慎诒堂”　存十卷（一至十）

0649　**论语文解二卷**
（民国）钱穆撰
民国七年（1918）刻本　2 册
经部/四书类　11 行 27 字小字双行同白口四周双边单鱼尾

0650　**论语集解十卷**
（魏）何晏集解
民国二十五年（1936）上海涵芬楼影印本　2 册
经部/四书类　6 行 13 字小字双行同白口四周单边无鱼尾

0651　**四书味根录三十七卷**
（清）金澄撰
清铅印本　2 册
经部/四书类　17 行 28 字小字双行同白口四周双边单鱼尾版心有字“万珍书局校印”　存七卷（八至十四）

0652　**四书味根录三十七卷**
（清）金澄撰
清刻本　2 册
经部/四书类　18 行 34 字白口四周单边单鱼尾　存十卷（一至六、十一至十四）

0653　**钦命四书诗题不分卷**
（清）王懿荣撰
清光绪刻本　2 册
经部/四书类　分栏 9 行 25 字小字双行同白口四周双边单鱼尾

0654　**读孟子札记二卷**
（清）罗泽南著
清咸丰九年（1859）长沙刻本　2 册
经部/四书类　9 行 24 字小字双行同白口四周双边单鱼尾

0655　**孟子要略五卷**
（宋）朱熹撰
清同治十三年（1874）传忠书局刻本　1册
经部/四书类　10 行 24 字小字双行同黑口四周单边单鱼尾

0656　**孟子要略五卷**
（宋）朱熹撰
清同治十三年（1874）传忠书局刻本　3册

经部/四书类　10 行 24 字小字双行同黑口四周单边单鱼尾

0657　孟子要略五卷
（宋）朱熹撰
清同治十三年（1874）传忠书局刻本　3册
经部/四书类　10 行 24 字小字双行同黑口四周单边单鱼尾

0658　孟子要略五卷
（宋）朱熹撰
清同治十三年（1874）传忠书局刻本　3册
经部/四书类　10 行 24 字小字双行同黑口四周单边单鱼尾

0659　孟子集注本义汇参□卷
（清）王步青
清敦复堂刻本　3 册
经部/四书类　9 行 22 字小字双行同白口四周单边单鱼尾版心有字“敦复堂”存四卷（一至三、十三）

0660　新注四书白话解说三十六卷
江希张注
民国上海书业公所石印本　1 册
经部/四书类　11 行 22 字小字双行同白口四周双边单鱼尾　存二卷（七至八）

0661　新注四书白话解说三十六卷
江希张注
民国上海书业公所石印本　4 册
经部/四书类　11 行 22 字小字双行同黑口四周双边单鱼尾　存二十卷（一至二十）

0662　新注四书白话解说三十六卷
江希张注
民国上海书业公所石印本　7 册
经部/四书类　11行22字小字双行同黑口四周双边单鱼尾　存十八卷（三至二十）

0663　孟子注疏解经二十卷
（汉）赵氏注　（宋）孙奭疏
清刻本　3 册
经部/四书类　10 行 18 字小字双行同黑口四周单边双鱼尾　存八卷（三至五、八至十二）

0664　孟子注疏解经□卷
（汉）赵氏注　（宋）孙奭疏
清刻本　1 册
经部/四书类　9 行 20 字小字双行同白口四周单边　存二卷（三至四）

0665　孟子正义三十卷
（清）焦循撰集
清刻本　9 册
经部/四书类　10 行 20 字小字双行同黑口四周单边　存二十一卷（六至二十六）

0666　大学今译□卷
（民国）张佩严撰
民国九年（1920）石印本　1 册
经部/四书类　10 行 28 字小字双行不同白口四周双边单鱼尾

0667　大学今译□卷
（民国）张佩严撰
民国九年（1920）石印本　1 册
经部/四书类　10 行 28 字小字双行不同白口四周双边单鱼尾

0668　大学今译□卷
（民国）张佩严撰
民国九年（1920）石印本　1 册
经部/四书类　10 行 28 字小字双行不同白口四周双边单鱼尾

0669　大学今译□卷
（民国）张佩严撰

民国九年（1920）石印本　1册
经部/四书类　10行28字小字双行不同白口四周双边单鱼尾

0670　**四书古注九种群义汇解二十二卷**
（魏）何晏撰　（梁）皇侃疏
民国石印本　16册
经部/四书类　21行42字小字双行同白口四周双边单鱼尾

0671　**孟子今译七卷**
（民国）张佩严撰
民国四年（1915）石印本　4册
经部/四书类　10行27字小字双行不同白口四周双边单鱼尾

0672　**孟子今译七卷**
（民国）张佩严撰　民国四年（1915）石印本　4册
经部/四书类　10行27字小字双行不同白口四周双边单鱼尾

0673　**孟子今译七卷**
（民国）张佩严撰
民国四年（1915）石印本　3册
经部/四书类　10行27字小字双行不同白口四周双边单鱼尾　存六卷（二至七）

0674　**论语□卷**
（宋）朱熹集注
民国商务印书馆石印本　1册
经部/四书类　10行24字小字双行同黑口四周双边单鱼尾版心有字“商务印书局藏板”　存五卷（六至十）

0675　**四书引解二十六卷**
（清）邓柱澜纂辑　（清）文焕明校
清聚元堂刻本　14册
经部/四书类　9行30字小字双行同白口四周单边　存二十五卷（二至二十六）

0676　**四书味根录三十七卷**
（清）金澄撰
清上海鸿宝斋石印本　2册
经部/四书类　分栏14行15字小字双行同白口四周双边单鱼尾版心有字“鸿宝斋编次”

0677　**四书味根录三十七卷**
（清）金澄撰
清万珍书局石印本　3册
经部/四书类　14行26字小字双行同白口四周双边单鱼尾版心有字“万珍书局校印”

0678　**四书引解二十六卷**
（清）邓柱澜纂辑　（清）文焕明校
清刻本　2册
经部/四书类　9行31字小字双行同白口四周单边　存三卷（七至九）

0679　**四书笺解十一卷**
（清）王夫之撰　（清）孙之春校刊
清光绪二十年（1894）刻本　4册
经部/四书类　9行22字小字双行同黑口四周单边单鱼尾

0680　**四书撮言三十七卷**
（宋）朱熹章句　（清）胡蓉芝手辑
（清）纪晓岚鉴定
清乾隆二十八年（1763）聚魁堂刻本　1册
经部/四书类　分栏9行35字小字双行同白口四周单边单鱼尾

0681　**读四书大全说十卷**
（清）王夫之撰
清同治四年（1865）湘乡曾氏刻　3册
经部/四书类　10行22字小字双行同黑

口四周单边双鱼尾

0682　四书补注备旨十卷
（清）邓退庵著　（清）祁文友增订
（清）尹源进增订
清光绪十六年（1890）刻本　7 册
经部/四书类　11 行 30 字小字双行同白口四周单边单鱼尾

0683　四书补注备旨十卷
（清）邓退庵著　（清）祁文友增订
（清）尹源进增订
清光绪十六年（1890）刻本　1 册
经部/四书类　11 行 30 字小字双行同白口四周单边单鱼尾　存一卷（下孟三）

0684　绘图四书读本四卷
（清）吴汝纶校点
民国四年（1915）上海广益书局石印本 5 册
经部/四书类　9 行 20 字小字双行同白口四周单边单鱼尾版心有字“广益书局石印”

0685　四书释地又续补一卷
（清）阎若璩原本　（清）樊廷枚校补
清刻本　2 册
经部/四书类　9 行 21 字小字双行同黑口四周单边

0686　四书集注□卷
（宋）朱熹注
清光绪二十四年（1898）刻本　1 册
经部/四书类　分栏 9 行 17 字小字双行同黑口四周单边单鱼尾版心有字“广雅书局刊”

0687　四书大成直讲二十卷
（清）李锡书撰
清刻本　1 册
经部/四书类　9 行 25 字小字双行同白口四周双边　存二卷（一至二）

0688　四书人物类典串珠四十卷
（清）臧志仁编辑
清刻本　1 册
经部/四书类　10 行 25 字小字双行同白口四周单边单鱼尾　存五卷（三十六至四十）

0689　四书白话注解不分卷
（清）许伏民撰　（清）童官卓编
民国二十年（1931）上海国粹书局石印本　3 册
经部/四书类　10 行 20 字小字双行同白口四周双边单鱼尾

0690　四书白话注解不分卷
（清）许伏民撰　（清）童官卓编
民国五年（1931）上海国粹书局石印本 3 册
经部/四书类　10 行 20 字小字双行同白口四周双边单鱼尾

0691　四书逸笺六卷
（清）程大中撰
清道光二十九年（1849）海山仙馆刻本 1 册
经部/四书类　9 行 21 字小字双行同黑口四周单边版心有字“海山仙馆丛书”

0692　四书逸笺六卷
（清）程大中撰
清粤雅堂刻本　1 册
经部/四书类　9 行 21 字小字双行同黑口四周单边版心有字“粤雅堂丛书”

0693　小仓山房诗集三十五卷补遗二
（清）袁枚撰
清光绪十八年（1892）石印本　1 册

经部/诗类　19 行 40 字小字双行同白口四周双边单鱼尾　存五卷（一至五）

0694　四书辨真十六章
（□）□□撰
清末刻本　4 册
经部/四书类　分栏 9 行 18 字小字双行同白口四周单边单鱼尾版心有字“奎元堂”　存四卷（上、下，孟子上、下）

0695　四书串释大学一卷中庸一卷论语二卷孟子三卷
（清）李佩精编纂　（清）庆祺参订
民国二十年（1931）上海文明书局石印本　1 册
经部/四书类　10 行 25 字小字双行不同黑口四周双边单鱼尾版心有字“文明书局藏板”　存一卷（下论）

0696　四书反身录八卷
（清）李颙撰　（清）王心敬辑
清咸丰元年（1851）蒋氏小嫏嬛山馆刻本　1 册
经部/四书类　10 行 23 字小字双行同白口四周双边单鱼尾　存三卷（六至八）

0697　十三经策案二十二卷
（清）王仁圃辑　（清）喻祥麟编次
清道光五年（1825）刻本　1 册
经部/群经总义类　10行19字小字双行同黑口四周单边单鱼尾　存四卷（一至四）

0698　十三经集句类联二十八卷
（清）明经编
清光绪十八年（1892）上海凌云阁石印本　1 册
经部/群经总义类　分栏 15 行 22 字小字双行同白口四周单边单鱼尾

0699　十三经集句类联二十八卷
（清）明经编
清刻本　1 册
经部/群经总义类　7 行 23 字小字双行同白口四周单边单鱼尾

0700　大学读本一卷
（宋）朱熹章句　（清）李嵩仑读　（清）李中培编
清嘉庆十四年（1809）四谦堂刻本　1册
经部/小学类　10 行 25 字小字双行同白口四周双边单鱼尾版心有字“四谦堂”

0701　学庸□卷
（□）□□撰
清汉口镇李氏森宝斋刻本　1 册
经部/小学类　9 行 17 字小字双行同白口四周单边版心有字“森宝斋”

0702　大学章句本义汇参□卷
（清）王步青辑　（清）王维甸校
（清）王乃畇校
清敦复堂刻本　2 册
经部/小学类　10 行 22 字小字双行同白口四周单边单鱼尾　存三卷（一至三）

0703　四书疑字辨一卷
（宋）朱熹集注
清光绪十八年（1892）浙江书局刻本　1 册
经部/小学类　9 行 17 字小字双行同白口四周单边单鱼尾

0704　大学一卷
（宋）朱熹集注
清刻本　1 册
经部/小学类　分栏 9 行 17 字小字双行同白口四周单边单鱼尾

0705　校刊四书正本二十卷
（宋）朱熹集注
清刻本　1册
经部/小学类　分栏9行16字小字双行同白口四周单边单鱼尾　存一卷（大学一）

0706　孟子正义三十卷
（清）焦循撰集
清刻本　1册
经部/小学类　10行20字小字双行同黑口四周单边　存三卷（二十八至三十）

0707　孟子□卷
（宋）朱熹集注
清慎诒堂刻　4册
经部/小学类　分栏9行17字小字双行同白口四周单边单鱼尾　存七卷（一至七）

0708　孟子字义疏证三卷
（清）戴东原著
民国十三年（1924）双流刘氏刻本　2册
经部/小学类　10行21字小字双行同黑口四周单边单鱼尾

0709　孟子□卷
（宋）朱熹集注
清刻本　2册
经部/小学类　分栏9行17字小字双行同白口四周单边单鱼尾　存四卷（二至五）

0710　孟子□卷
（宋）朱熹集注
清刻本　6册
经部/小学类　分栏9行17字小字双行同白口四周单边单鱼尾　存七卷（一至七）

0711　孟子□卷
（宋）朱熹集注
清刻本　7册
经部/小学类　分栏9行17字小字双行同白口四周单边单鱼尾

0712　孟子□卷
（宋）朱熹集注
清刻本　3册
经部/小学类　分栏9行17字小字双行同白口四周单边单鱼尾

0713　孟子注疏解经十四卷附校勘记
（宋）孙奭疏
清光绪十八年（1892）湖南宝庆务本书局刻本　9册
经部/小学类　10行19字小字双行同黑口四周单边双鱼尾

0714　孟子注疏解经十四卷附校勘记
（宋）孙奭疏
清光绪十八年（1892）湖南宝庆务本书局刻本　1册
经部/小学类　10行19字小字双行同黑口四周单边双鱼尾

0715　四书释地三续补一卷
（清）阎若璩原本　（清）樊廷枚校补
清嘉庆二十一年（1816）梅阳海涵堂刻本　1册
经部/小学类　9行21字小字双行同黑口四周单边

0716　四书义□卷
（□）□□撰
民国铅印本　1册
经部/小学类　12行30字小字双行同白口四周双边单鱼尾　存一卷（一）

0717　四书稗疏一卷四书考异一卷
（清）王夫之撰
清同治四年（1865）湘乡曾氏刊于金陵

节署刻本　1 册
经部/小学类　10 行 22 字小字双行同黑口四周单边双鱼尾

0718　**四书旁训八卷**
（□）□□撰
清万轴楼刻本　2 册
经部/小学类　8 行 18 字小字双行同白口四周双边单鱼尾版心有字”万轴楼”　存一卷（大学中庸下论）

0719　**铜板四书旁音六卷**
（□）□□撰
民国廿四年（1935）醉经堂铅印本　6册
经部/小学类　9 行 18 字小字双行同白口四周单边单鱼尾　存六卷(大学中庸，孟子上、中、下，论语上、下）

0720　**铜板四书旁音六卷**
（□）□□撰
民国廿四年（1935）醉经堂铅印本　1册
经部/小学类　9 行 18 字小字双行同白口四周单边单鱼尾　存一卷（下孟）

0721　**四书撮言三十七卷**
（清）胡斐才辑
清乾隆二十八年（1763）刻本　1册
经部/小学类　分栏 9 行 35 字小字双行同白口四周单边单鱼尾　存一卷(二十）

0722　**四书旁音七卷**
（□）□□撰
清文华堂新刻刻本　1 册
经部/小学类　9 行 18 字小字双行同白口四周单边单鱼尾　存一卷（下孟下）

0723　**四书经史摘证七卷**
（清）宋继穜撰　（清）宋廷英注
清道光二十四年（1844）刻本　4 册
经部/小学类　12 行 24 字小字双行同白口四周双边单鱼尾　存五卷（一至五）

0724　**四书反身录八卷**
（清）李二曲口授　（清）王心敬录
清刻本　1 册
经部/小学类　8 行 20 字小字双行同白口四周单边单鱼尾　存一卷（上论上）

0725　**四书撮言三十七卷**
（清）纪晓岚鉴定　（清）吴冠山校正
清刻本　8 册
经部/小学类　9 行 35 字小字双行同白口四周单边单鱼尾　存十六卷（论语一至四、十五至十九，中庸二，孟子三至六、九至十）

0726　**论语集注本义汇参二十卷首一卷**
（清）王步青辑
清敦复堂刻四书朱子本义汇参刻本　2册
经部/小学类　9 行 23 字小字双行同白口四周单边单鱼尾　存三卷（十五、十八、二十）

0727　**论语□卷**
（宋）朱熹集注
清刻本　1 册
经部/小学类　分栏 9 行 17 字小字双行同白口四周单边单鱼尾版心有字“善成堂”　存十卷（一至十）

0728　**论语后案二十卷**
（清）黄式三著
清光绪九年（1883）浙江书局刻本　2册
经部/小学类　9行21字小字双行同白口四周单边单鱼尾版心有字“儆居丛书”

0729　**天文本单经论语校勘记一卷孟子刘熙注一卷**
（清）叶德辉集

清光绪二十八年（1902）长沙叶氏刻本　1册
经部/小学类　11行22字小字双行同黑口四周单边双鱼尾

0730　**续论语骈枝一卷**
（清）俞樾撰
清刻本　1册
经部/小学类　10行21字小字双行同白口四周单边单鱼尾

0731　**论语注二十卷群经胜义一卷**
（清）戴望撰　（清）俞樾撰
清刻本　1册
经部/小学类　11行24字小字双行同白口四周单边单鱼尾　存论语注十二卷（十至二十，群经胜义一）

0732　**中庸□卷**
（宋）朱熹章句
清刻本　1册
经部/小学类　分栏9行17字小字双行同白口四周单边单鱼尾

0733　**论语补疏三卷**
（清）焦循撰
清刻本　1册
经部/小学类　10行21字小字双行同黑口四周单边

0734　**论语孔注辨伪三卷**
（清）沈涛撰
清吴县潘氏刻本　1册
经部/小学类　11行21字小字双行同黑口四周单边

0735　**大学大意一卷中庸大意一卷**
（明）董懋策
清董氏取斯家塾刻本　1册
经部/小学类　10行21字小字双行同黑口四周单边单鱼尾版心有字“董氏取斯家塾”

0736　**大学衍义四十三卷**
（宋）真德秀撰
明嘉靖六年（1527）司礼监刻本　1册
经部/小学类　10行18字小字双行同白口四周双边单鱼尾　存三卷（一至三）

0737　**大学衍义补辑要十二卷**
（明）邱浚撰　（清）陈宏谋纂辑
清刻本　8册
经部/小学类　10行20字小字双行同白口四周双边单鱼尾　存八卷（一至二、四至九）

0738　**大学衍义辑要六卷**
（明）邱浚撰　（清）陈宏谋纂辑
清刻本　4册
经部/小学类　10行21字小字双行同白口四周双边单鱼尾

0739　**大学衍义补一百六十卷**
（明）邱浚撰
清刻本　8册
经部/小学类　10行21字小字双行同白口四周双边单鱼尾　存四十一卷（一百一十九至一百六十）

0740　**皇清经解一百八十种一千四百卷**
（清）阮元辑
清光绪十三年（1887）上海书局石印本　76册
经部/群经总义类　分栏28行30字小字双行同白口四周双边单鱼尾

0741　**皇清经解□卷**
（清）焦孝廉著

清刻本　1册
经部/群经总义类　11行24字小字双行同白口四周单边单鱼尾版心有字“庚申补刊”　存四卷（一千一百四十七至一千一百五十）

0742　**皇清经解一千四百十二卷**
（清）顾炎武著
清道光九年（1829）刻本　361册
经部/群经总义类　11行24字小字双行同白口四周单边单鱼尾版心有字“庚申补刊”　存一千三百六十四卷（一至五百二十四、五百三十五至一千二百九十三、一千三百一十二至一千三百三十、一千三百五十六至一千四百零七）

0743　**皇清经解一千四百零八卷**
（清）顾炎武著
清道光九年（1829）刻本　320册
经部/群经总义类　11行24字小字双行同白口四周单边单鱼尾版心有字“庚申补刊”

0744　**皇清经解一千四百零八卷**
（清）顾炎武著
清道光九年（1829）刻本　143册
经部/群经总义类　11行24字小字双行同白口四周单边单鱼尾版心有字“庚申补刊”存六百四十卷（一至十，十八至一百一十九，一百六十二至二百一十九，四百一十六至四百六十七，四百七十七至四百九十八，五百零三至五百三十五，五百三十八至五百四十二，五百五十四至六百一十二，六百三十八至六百五十一，六百五十四，六百六十一
至六百六十六，六百七十至六百九十，六百九十二至七百一十，八百五十至九百四十八，九百九十一至一千零三十四，一千零三十六至一千零五十八，一千零六十七至一千零九十一，一千零九十六至一千一百四十二）

0745　**皇清经解一百九十卷**
（清）阮元辑
清光绪十年（1830）上海贴石参石印本　17册
经部/群经总义类　33行24字小字双行同白口四周单边单鱼尾

0746　**说文篆韵谱五卷附录一卷**
（宋）徐锴撰
清光绪八年（1882）锓于乐道斋刻本　3册
经部/小学类　10行18字小字双行同白口四周双边双鱼尾版心有字“第三函”

0747　**皇朝五经汇解二百七十卷**
（清）抉经心室主人辑
清光绪十九年（1893）上海书局石印本　32册
经部/群经总义类　28行70字小字双行同白口四周双边单鱼尾

0748　**小学六卷**
（明）陈选集注　（清）高愈纂注
（清）王炳瀛参订
明刻本　4册
经部/小学类　9行21字小字双行同白口四周单边单鱼尾

0749　**皇朝五经汇解二百七十卷**
（清）诀经心室主人辑
清光绪二十二年（1896）石印本　5册
经部/群经总义类　19行80字小字双行同黑口四周双边单鱼尾

0750　**皇清经解编目十六卷**
（清）凌忠照编辑　张绍铭分辑
清光绪十八年（1892）上海古香阁刻本　4册

经部/群经总义类　16 行 45 字小字双行同白口四周双边单鱼尾

0751　**御纂七经七种**
（清）爱新觉罗・玄烨纂
清石印本　24 册
经部/群经总义类　分栏 24 行 22 字小字双行同白口四周单边单鱼尾

0752　**新学伪经考十四卷**
（民国）康有为撰
清光绪刻本　7 册
经部/群经总义类　10 行 20 字小字双行同黑口四周单边单鱼尾

0753　**经艺宏括□种**
（清）□□编
清光绪上海书局石印本　12 册
经部/群经总义类　分栏 27 行 30 字白口四周单边单鱼尾　存五种十二卷（易二至三，书经一至三，诗经一至四，春秋一至二，礼记一）

0754　**精选五经文鹄五种**
（清）□□编
清刻本　24 册
编经部/群经总义类　14 行 30 字白口四周单边单鱼尾　存二十四卷（文二至九、十二至十三、十五至二十一、二十三至二十八、三十）

0755　**刊谬正俗八卷**
（唐）颜师古撰
民国元年（1912）鄂官书处刻本　1 册
经部/小学类　12 行 24 字小字双行同黑口四周双边单鱼尾　存八卷（一至八）

0756　**御纂周易折中二十二卷首一卷**
（清）玄烨撰
清光绪三十年（1904）上海育文书局石印本　2 册
经部/易类　24 行 54 字小字双行同白口四周单边单鱼尾

0757　**钦定仪礼义疏四十八卷首二卷**
（清）鄂尔泰撰
清光绪三十年（1904）上海育文书局石印　5 册
经部/仪礼类　24 行 54 字小字双行同白口四周单边单鱼尾

0758　**钦定诗经传说汇纂二十一卷首二卷诗序二卷**
（清）王鸿绪等撰　（清）玄烨撰
清同治七年（1868）闽浙总督马新贻摹石印本　2 册
经部/诗类　24 行 54 字小字双行同白口四周单边单鱼尾

0759　**钦定书经传说汇纂二十一卷首二卷序一卷**
（清）王顼龄等撰
清同治七年（1868）闽浙总督马新贻摹石印本　2 册
经部/书类　24 行 54 字小字双行同白口四周单边单鱼尾

0760　**钦定周官义疏四十八卷首一卷**
（清）鄂尔泰等撰
清同治七年（1868）合肥李瀚章石印本　3 册
经部/书类　24 行 54 字小字双行同白口四周单边单鱼尾　存三十八卷（十二至四十八、首一）

0761　**钦定礼记义疏二十二卷首一卷**
（清）鄂尔泰等撰
清光绪三十年（1904）上海育文书局石印

5 册
经部/礼记类　24 行 54 字小字双行同白口四周单边单鱼尾　存七十二卷（十二至八十二、首一）

0762　尔雅注疏十一卷
（晋）郭璞注　（宋）邢昺疏
明崇祯毛氏汲古阁刻本　4 册
经部/小学类　9 行 21 字小字双行同白口四周单边单鱼尾

0763　尔雅注疏十一卷
（晋）郭璞注　（宋）邢昺疏
清道光二十九年（1849）刻本　4 册
经部/小学类　9 行 21 字小字双行同白口四周单边单鱼尾

0764　尔雅注疏十一卷
（晋）郭璞注　（唐）陆德明
（宋）邢昺疏
清同治十年（1891）刻本　4 册
经部/小学类　9 行 21 字小字双行同白口四周单边

0765　尔雅注疏十一卷
（晋）郭璞注　（宋）邢昺疏
明崇祯毛氏汲古阁刻本　4 册
经部/小学类　10 行 21 字小字双行同白口四周单边单鱼尾

0766　尔雅初学读本一卷
（清）万庭兰原刻　（清）卫闲道重刊
清刻本　1 册
经部/小学类　10 行 20 字小字双行同黑口四周单边双鱼尾

0767　九经三传沿革例一卷
（宋）岳珂撰
民国元年（1912）鄂官书处重刊刻本　1册
经部/群经总类　12 行 12 字小字双行同黑口四周双边双鱼尾

0768　相台五经五种
（宋）岳珂撰
民国二年（1913）芸裳署面成都存古书局刻本　1 册
经部/群经总义类　8 行 17 字小字双行同白口四周双边双鱼尾　存一卷（易经一）

0769　周官故书考四卷
（清）徐养原撰
清湖城义塾刻本　1 册
经部/书类　9 行 20 字小字双行同黑口四周双边　存二卷（三至四）

0770　诂经精舍文续集八卷
（清）罗文后手订
清刻本　1 册
经部/小学类　10 行 20 字小字双行同白口四周双边单鱼尾　存二卷（三至四）

0771　周人经说□卷
（清）王绍兰撰
清刻本　1 册
经部/群经总义类　9 行 22 字小字双行同黑口四周单边单鱼尾　存二卷（三至四）

0772　皇清经解续编一千四百三十卷
（清）王先谦辑
清光绪十四年（1888）南菁书院刻本　4册
经部/群经总义类　11 行 24 字小字双行同白口四周单边单鱼尾　存二十卷（三百零八至三百一十二、四百九十六至四百九十七卷、陆百二十至陆百二十四、千零二十至千零二十七）

0773 **棡台五经**
（魏）王弼注 （晋）杜预等撰
清刻本 9册
经部/群经总义类 8行17字小字双行同白口四周双边双鱼尾 存二十九卷（周易四至六，春秋三至二十三，书经一至四，礼记一至二）

0774 **十三经纪字一卷**
（清）汪汲撰
清刻本 1册
经部/群经总义类 8行18字小字双行同白口四周单边

0775 **十三经集字摹本四卷**
（清）彭玉雯纂刊 （清）万青铨校正
清刻本 4册
经部/群经总义类 7行21字小字双行同黑口四周双边单鱼尾

0776 **独断一卷忠经一卷孝传一卷小尔雅一卷**
（东汉）蔡邕等著
清刻本 1册
经部/群经总义类 9行20字小字双行同白口四周单边单鱼尾

0777 **独断一卷忠经一卷孝传一卷小尔雅一卷**
（东汉）蔡邕等著
清刻本 1册
经部/群经总义类 9行20字小字双行同白口四周单边单鱼尾

0778 **群经平议三十五卷**
（清）俞樾撰
清刻本 1册
经部/群经总义类 10行21字小字双行同黑口四周单边

0779 **经义考三百卷**
（清）朱彝尊撰
清光绪二十三年（1897）浙江书局刻本 3册
经部/群经总义类 12行22字小字双行同白口四周单边单鱼尾 存十五卷（一至九、五十七至六十二）

0780 **群书校补一百卷**
（清）陆心源辑 （清）陈友仁复编
清刻本 1册
经部/书类 10行20字小字双行同黑口四周双边单鱼尾 存一卷（六）

0781 **十三经札记**
（清）朱彝尊撰
清刻本 3册
经部/群经总义类 9行21字小字双行同白口四周双边单鱼尾 存七卷（易经上、中、下，周礼上、下，论语上、下）

0782 **经传释词十卷**
（清）王引之著
民国十七年（1928）铅印本 2册
经部/群经总义类 12行30字小字双行同白口四周双边单鱼尾版心有字“文通印刷局代印” 存二卷（中、下）

0783 **经训比义三卷**
（清）黄以周述 高豪康刻
清光绪二十二年（1896）南菁讲舍刻本 2册
经部/小学类 10行21字小字双行同黑口四周双边单鱼尾

0784　王氏经说六卷音略一卷，音略考证一卷
（清）王绍兰撰
清刻本　2 册
经部/群经总义类　9行22字小字双行同黑口四周单边单鱼尾　存六卷（一至六）

0785　经课续编八卷
（清）俞樾撰
清光绪二十五年（1899）刻本　3 册
经部/群经总义类　10行21字小字双行同白口四周单边单鱼尾　存八卷（一至八）

0786　知圣篇二卷
（清）廖平著
清光绪二十八年（1902）刻本　1 册
经部/小学类　10 行 21 字小字双行同白口四周双边单鱼尾　存一卷（上）

0787　九经直音后集不分卷
（清）陆心源辑
清光绪八年（1882）归安陆氏刻本　1册
经部/群经总义类　10 行 22 字小字双行同黑口四周双边

0788　六书音均表五卷
（清）段玉裁撰
清同治十一年（1872）湖北崇文书局刻本　2 册
经部/四书类　10 行 20 字小字双行同白口四周双边单鱼尾

0789　御纂七经纲领不分卷
（清）潘任录
清光绪间（1875－1908）江楚书局刻本　2 册
经部/群经总义类　10 行 21 字小字双行同黑口四周单边双鱼尾

0790　新加九经字样一卷
（唐）唐玄度撰
清光绪九年（1883）盂秋鲍氏刻本　1册
经部/群经总义类　5 行 18 字小字双行同白口四周

0791　经典异文补六卷
（清）沈淑辑
清刻本　2 册
经部/群经总义类　9行16字小字双行同白口四周单边单鱼尾　存五卷（二至六）

0792　五经同异三卷
（清）顾炎武著　（清）朱记荣校字
清光绪十一年（1885）刻本　3 册
经部/群经总义类　10 行 21 字小字双行同白口四周单边单鱼尾

0793　五经汇典文括二十二卷
（清）戴棠著
清刻本　7 册
经部/群经总义类　分栏 14 行 20 字小字双行同白口四周双边单鱼尾　存十八卷（一至十五，二十至二十二）

0794　十三经集句类联□卷
（清）□□编
清刻本　2 册
经部/群经总义类　7 行 23 字小字双行同白口四周单边单鱼尾　存二卷（十一至十二）

0795　经艺大观
（清）常安室主人编选
清刻本　2 册
经部/群经总义类　10 行 21 字小字双行同白口四周双边单鱼尾　存诗经文

0796　经解入门八卷
（清）江藩纂

清光绪十四年（1888）粤东书局开雕刻本 2册
经部/群经总义类 10行24字小字双行同白口四周双边单鱼尾

0797 策学备纂三十二卷
（清）吴炎亮辑
清光绪十三年（1887）石印本 1册
经部/书类 26行55字小字双行同白口四周单边单鱼尾版心有字“光绪十三年” 存一卷（一）

0798 石经考异二卷诸史然疑一卷汉书蒙拾三卷
（清）杭世骏撰
清刻本 1册
经部/群经总义类 10行20字小字双行同白口四周双边单鱼尾

0799 五经味根录六卷首一卷
（清）关揆生编
清石印本 1册
经部/群经总义类 17行50字小字双行同白口四周双边单鱼尾版心有字“同文书局印” 存二卷（书经三至四）

0800 经艺渊海不分卷
（清）常安室主人编
清光绪十一年（1885）上海点石斋石印本 4册
经部/群经总义类 分栏白口四周单边单鱼尾版心有字“易经”

0801 五经味根录
（清）竹林馆主人辑
清光绪十四年（1888）同文书局石印本 12册
经部/群经总义类 17行51字小字双行同白口四周双边单鱼尾版心有字“同文书局印” 存二十九卷（易经首至四，书经首至六，诗经首至四，春秋十一至十四，礼记一至二、五至十）

0802 经学通论五卷
（清）皮锡瑞
民国十二年（1923）上海商务影印本 3册
经部/群经总义类 12行25字小字双行同白口四周单边单鱼尾

0803 经余必读三编四卷
（清）雷琳等辑
清道光十年（1830）刻本 2册
经部/小学类 6行20字小字双行同白口四周单边单鱼尾

0804 诂经精舍四集
（清）俞樾编
清光绪十一年（1885）刻本 5册
经部/小学类 9行25字小字双行同白口四周双边双鱼尾 存九卷（六至十一、十四至十六）

0805 尔雅初学读本十一卷
（晋）郭璞注
民国十三年（1924）吴江施氏醒园刻本 2册
经部/小学类 10行20字小字双行同黑口四周双边双鱼尾

0806 尔雅初学读本十一卷
（晋）郭璞注
民国十三年（1924）吴江施氏醒园刻本 1册
经部/小学类 10行20字小字双行同黑口四周双边双鱼尾 存一卷（上）

0807　御纂七经义疏
（清）□□编
民国石印本　5册
经部/群经总义类　分栏小字双行同白口四周双边单鱼尾　存二十六卷（礼记一，义疏十二至三十六）

0808　皇清经解续编一千四百三十卷
（清）陈厚耀著
清刻本　22册
经部/群经总义类　11行22字小字双行同白口四周单边单鱼尾　存六十三卷（四十七至五十六、二百二十二至三百一十、一千一百六十七至一千一百七十）

0809　尔雅匡名二十卷
（清）严元照
清光绪十一年（1885）刻本　4册
经部/小学类　10行21字小字双行同黑口四周单边

0810　尔雅疏十卷附校勘记
（宋）邢昺等校定　（晋）郭景纯注
清刻本　4册
经部/小学类　10行18字小字双行同黑口四周单边双鱼尾

0811　尔雅补注四卷
（清）周春撰
清光绪三十四年（1908）长沙叶氏刻本　2册
经部/小学类　11行22字小字双行同黑口四周单边双鱼尾

0812　尔雅直音二卷
（唐）陆德明撰
清光绪九年（1883）于成都府诂经艺刻本　2册
经部/小学类　4行10字黑口四周单边双鱼尾

0813　小尔雅疏八卷
（清）王煦撰
清光绪年间邵武徐氏刻本　2册
经部/小学类　9行22字小字双行同白口四周单边单鱼尾

0814　十三经集字摹本四卷
（清）彭玉雯纂刊　（清）万青铨校正
清咸丰二年（1852）刻本　3册
经部/群经总义类　7行21字小字双行同黑口四周双边单鱼尾

0815　方言疏证十三卷
（清）戴震疏证
清光绪八年（1882）汗青簃重校刊微波刻本　4册
经部/小学类　10行23字小字双行同黑口四周双边单鱼尾

0816　方言疏证十三卷
（清）戴震疏证
清光绪八年（1882）汗青簃重校刊微波刻本　2册
经部/小学类　10行23字小字双行同黑口四周双边单鱼尾

0817　诗韵集成十卷
（清）余照辑
清光绪十九年（1893）成文堂刻本　1册
经部/小学类　分栏9行13字小字双行同白口四周单边　存二卷（一至二）

0818　诗韵集成十卷
（清）余照辑
清光绪十五年（1889）刻本　2册

经部/小学类　分栏 9 行 16 字小字双行不同白口四周单边　存四卷（一至二、五至六）

0819　**伪经考十四卷**
（清）康有为撰
清末（1840—1912）刻本　5 册
经部/总类　13 行 26 字小字双行同黑口四周单边单鱼尾版心有字“万木草堂丛书”

0820　**尔雅疏十卷附校勘记**
（晋）郭璞等撰
清刻本　1 册
经部/小学类　10 行 22 字小字双行同黑口四周单边双鱼尾　存二卷（七至八）

0821　**尔雅音义二卷**
（唐）陆德明撰
清刻本　1 册
经部/小学类　9 行 21 字小字双行同白口四周单边

0822　**尔雅疏十卷**
（晋）郭璞注　（宋）邢昺疏
清刻本　3 册
经部/小学类　9 行 21 字小字双行同白口四周单边　存七卷（一至二、六至十）

0823　**檀弓辨诬三卷**
（清）夏炘撰
清刻本　1 册
经部/礼记类　9 行 21 字小字双行同白口四周双边单鱼尾

0824　**经传释词十卷**
（清）王引之著
民国十七年（1928）王刻本　2 册
经部/群经总义类　12 行 30 字小字双行同白口四周双边单鱼尾版心有字“文通印刷局代印”

0825　**远春楼读经笔存二卷**
（清）汪科爵撰
清光绪十二年（1886）钱塘滙氏重刊于长沙刻本　1 册
经部/群经总义类　12 行 24 字小字双行同黑口四周单边单鱼尾版心有字“丛睦汪氏遗书”

0826　**尔雅义证□卷**
（清）阳候青撰
清刻本　1 册
经部/小学类　12 行 19 字小字双行不同白口四周　存一卷（一）

0827　**易经备旨七卷**
（清）邹圣脉纂辑
清道光二十九年（1849）同文堂新刻　1册
经部/易类　分栏 11 行 20 字小字双行同白口四周单边单鱼尾

0828　**五经异义疏证三卷**
（汉）许慎撰　（汉）郑玄驳
清刻本　3 册
经部/群经总义类　10 行 21 字小字双行同白口四周单边单鱼尾

0829　**群经宫室图二卷**
（清）焦循撰
清刻本　1 册
经部/群经总义类　10 行 20 字小字双行同白口四周单边版心有字“半九书□”存一卷（下）

0830　**孟子札记二卷尔雅札记三卷**
（清）朱亦栋学
清刻本　1 册

经部/四书类　9 行 21 字小字双行同白口四周双边单鱼尾

0831　**何氏公羊解诂三十论三卷附一卷**
（清）廖平撰
清刻本　1 册
经部/春秋公羊类　10 行 20 字小字双行同黑口四周单边单鱼尾

0832　**群经源流谱一卷**
（清）孙星衍撰
民国九年（1920）成都昌福公司铅印本　1 册
经部/群经总义类　10 行 24 字小字双行同黑口四周双边单鱼尾版心有字“成都昌福公司排印”

0833　**五经文字三卷**
（清）鲍廷爵辑
清光绪九年（1883）常熟鲍氏后知不足斋丛书刻本　1 册
经部/群经总义类　5 行 13 字小字双行不同白口四周

0834　**古逸丛书三卷**
（晋）郭璞注
清光绪十年（1884）遵义黎氏刊于日本东京使署刻本　1 册
经部/书类　8 行 15 字小字双行不同白口四周单边

0835　**郑氏佚书二十三种**
（汉）郑玄撰
清光绪十四年（1888）浙江书局刻本　6 册
经部/书类　10 行 21 字小字双行同黑口四周单边单鱼尾　存四种（尚书注，孝经注，论语注，五经异义）

0836　**尔雅义疏二十卷**
（清）郝懿行学
清刻本　4 册
经部/小学类　9 行 21 字小字双行同黑口四周单边单鱼尾

0837　**尔雅义疏二十卷**
（清）郝懿行学
清光绪十三年（1887）湖北官书处开雕本　8 册
经部/小学类　9 行 20 字小字双行同黑口四周单边单鱼尾

0838　**说文引经考□卷**
（清）吴玉播著
清光绪九年（1883）归安姚氏尺进斋刻本　1 册
经部/小学类　13 行 22 字小字双行同黑口四周单边双鱼尾版心有字“尺进斋丛书归安姚氏刊”　存一卷（上）

0839　**韵补不分卷**
（清）顾炎武撰
清光绪九年（1883）邵武徐氏刻本　2册
经部/小学类　9行22字小字双行同白口四周单边单鱼尾版心有字“邵武徐氏刊”

0840　**韵雅五十卷**
（清）俞樾撰
清光绪二十五年（1899）曲园杂纂刻本　1 册
经部/小学类　10 行 21 字小字双行同白口四周单边单鱼尾　存三卷（曲园杂纂三十七至三十九）

0841　**韵府约编二十四卷**
（清）邓恺辑
清嘉庆二十二年（1817）刻绾秀阁刻本

1 册
经部/小学类　8 行 21 字小字双行同白口四周单边　存一卷（一）

0842　声类四卷
（清）钱大昕述
清光绪十年（1884）长沙龙氏家塾刻本　1 册
经部/小学类　10 行 22 字小字双行同黑口四周单边双鱼尾

0843　读说文杂识一卷
（清）许棫撰
清光绪七年（1881）刻本　1 册
经部/小学类　10 行 22 字小字双行同白口四周双边单鱼尾

0844　说文广义三卷
（清）王夫之撰
清同治四年（1865）金陵湘乡曾氏刻本　2 册
经部/小学类　10 行 22 字小字双行同黑口四周单边双鱼尾　存一卷（三）

0845　说文外编十六卷
（清）雷浚撰
清光绪八年（1882）吴县雷氏刻本　1册
经部/小学类　10 行 21 字小字双行同黑口四周单边单鱼尾　存三卷（一至三）

0846　说文旧音补注三卷
（清）胡玉缙撰
清光绪十四年（1888）四集第二种江阴南菁书院刻本　1 册
经部/小学类　9 行 25 字小字双行同白口四周单边单鱼尾　存一卷（一）

0847　说文职墨二卷
（清）于鬯撰
清光绪十四年（1888）四集第二种江阴南菁书院刻本　1 册
经部/小学类　10 行 25 字小字双行同白口四周单边单鱼尾　存一卷（一）

0848　说文校定本三卷
（清）朱士端学
清光绪九年（1883）归安姚氏尺进斋刻本　1 册
经部/小学类　13 行 22 字小字双行同白口四周单边双鱼尾版心有字“尺进斋丛书归安姚氏刊”　存一卷（一）

0849　九经补韵一卷附录一卷
（宋）杨伯岩撰
清光绪十年（1884）刻本　1 册
经部/群经总义类　10 行 20 字小字双行同白口四周单边单鱼尾版心有字“后知不足斋校刊”

0850　许氏说文解字双声叠韵谱一卷
（清）鲍廷爵编辑
清光绪二十七年（1901）知不足斋刻本　1 册
经部/小学类　9 行 20 字小字双行同黑口四周单边单鱼尾

0851　说文提要一卷
（清）陈建侯撰
清光绪元年（1875）湖北崇文书局刻本　1 册
经部/小学类　分栏 6 行 14 字小字双行同白口四周双边单鱼尾

0852　今古学考两戴记章句凡例二卷
（清）廖平撰
清刻本　1 册
经部/小学类　分栏 10 行 20 字小字双行同黑口四周单边单鱼尾

0853　春秋古经说，谷梁礼证说二卷
（清）侯康君撰
清道光三十年（1833）南楼伍氏开雕刻本　1册
经部/春秋类　11行22字小字双行同黑口四周单边双鱼尾

0854　五经味根录四十二卷
（清）竹林馆主人辑
清石印本　2册
经部/群经总义类　17行51字小字双行同白口四周双边单鱼尾　存八卷（三至五、十至十四）

0855　书经备旨六卷
（清）邹圣脉纂辑
清刻本　1册
经部/书类　分栏11行20字小字双行同白口四周单边单鱼尾　存四卷(四至七）

0856　经学通论不分卷
（清）皮锡瑞撰
民国十二年（1923）上海商务印书馆影印本　1册
经部/群经总义类　12行25字小字双行同白口四周单边单鱼尾

0857　皇清经解续编一千四百三十卷
（清）江永慎著
清刻本　38册
经部/群经总义类　分栏33行24字小字双行同白口四周单边单鱼尾　存一百零二卷（十八至九十五、一百一十二至一百一十四、一百二十八至一百四十八）

0858　尔雅正义二十卷尔雅释文三卷
（清）邵晋涵撰集
清乾隆五十三年（1788）余姚邵氏家塾刻本　8册
经部/小学类　9行21字小字双行同白口四周双边单鱼尾　存二十三卷（卷一至二十，释文上、中、下）

0859　两汉五经博士考三卷
（清）张金吾著
清光绪十年（1884）后知不足斋刻本　1册
经部/群经总义类　12行24字小字双行同黑口四周单边单鱼尾

0860　说文通训定声分部柬韵一卷说雅十九篇古今韵准一卷
（清）朱骏声撰
清光绪十三年（1887）上海积山书局石印本　14册
经部/小学类　17行26字小字双行同白口四周双边单鱼尾

0861　说文声系十四卷
（清）姚文田述
清咸丰五年（1855）南海粤雅堂丛书刻本　2册
经部/小学类　8行16字小字双行同黑口四周单边版心有字“粤雅堂丛书”

0862　说文通检十四卷卷首一卷卷末一卷
（清）黎永椿编
民国十二年（1923）石印本　1册
经部/小学类　18行44字小字双行同白口四周双边单鱼尾

0863　说文通检十四卷卷首一卷卷末一卷
（清）黎永椿编
清光绪四年（1878）孟冬月宏达堂开雕刻本　4册

经部/小学类　13 行 16 字小字双行同黑口四周双边双鱼尾

0864　说文逸字二卷附录一卷
（清）郑珍记
清福山王氏天壤阁刻本　1 册
经部/小学类　12 行 18 字小字双行同黑口四周单边单鱼尾版心有字“天壤阁丛书”　存二卷（上、下）

0865　说文逸字二卷附录一卷
（清）郑珍记
清湖南经济书堂刻本　2 册
经部/小学类　12 行 18 字小字双行同黑口四周单边单鱼尾　存二卷（上、下）

0866　说文解字十五卷
（清）龚秉枢撰
民国六年（1917）石印本　1 册
经部/小学类　10 行 20 字小字双行同白口四周单边　存八卷（八至十五）

0867　说文解字十一卷
（汉）许慎记
清光绪七年（1881）仿平津馆本重镌刻本　2 册
经部/小学类　10 行 19 字小字双行同白口四周单边单鱼尾

0868　小学考五十卷
（清）谢启昆编
清光绪十四年（1888）秋九浙江书局刻本　20 册
经部/小学类　11 行 21 字小字双行同白口四周单边单鱼尾

0869　尔雅注疏附校勘记十一卷
（宋）邢昺撰
清光绪二十九年（1903）点石斋原刻本　1 册
经部/小学类　20 行 46 字小字双行同白口四周双边单鱼尾　存二卷（一至二）

0870　四书味根录大学一卷中庸二卷论语二十卷首一卷孟子十四卷首一卷
（清）金澄撰
清光绪十四年（1888）慈水姚氏万珍书局石印本　2 册
经部/四书类　11 行 29 字小字双行同白口四周双边单鱼尾版心有字“万珍局书校印”　存十卷（大学一，中庸一至二，论语十四至二十）

0871　四书合纂大成不分卷
（清）沈祖燕署
清光绪十四年（1888）上海鸿宝斋石印本　1 册
经部/四书类　分栏 14 行 15 字小字双行同白口四周双边单鱼尾版心有字“鸿宝斋编次”

0872　经余必读八卷
（清）钱树棠　（清）雷琳等辑
清嘉庆十四年（1809）三多斋刻本　4册
经部/群经总义类　10 行 20 字小字双行同白口四周单边单鱼尾

0873　经余必读续编八卷
（清）钱树棠　（清）雷琳等辑
清嘉庆十五年（1810）新镌刻本　4 册
经部/群经总义类　10 行 20 字小字双行同白口四周单边单鱼尾

0874　说雅二卷
（清）朱骏声录
清光绪九年（1883）刻本　2 册
经部/小学类　9行20字小字双行同黑口四周单边单鱼尾版心有字“花雨楼校本”

0875 **广雅疏证十卷附博雅音十卷**
（清）王念孙学
清光绪五年（1879）淮南书局刻本 8 册
经部/小学类 10 行 20 字小字双行同白口四周单边单鱼尾

0876 **广雅疏证十卷附博雅音十卷**
（清）王念孙学
清光绪五年（1879）淮南书局刻本 8册
经部/小学类 10 行 20 字小字双行同白口四周单边单鱼尾

0877 **广雅疏证十卷附博雅音十卷**
（清）王念孙学
清光绪五年（1879）淮南书局刻本 8册
经部/小学类 10 行 20 字小字双行同白口四周单边单鱼尾

0878 **广雅疏证十卷附博雅音十卷**
（清）王念孙学
清光绪五年（1879）淮南书局刻本 1册
经部/小学类 10 行 20 字小字双行同白口四周单边单鱼尾 存二卷（五至六）

0879 **说文解字义证五十卷**
（清）桂馥学
清刻本 32 册
经部/小学类 10 行 22 字小字双行同白口四周双边单鱼尾

0880 **说文解字义证五十卷**
（清）桂馥学
清刻本 31 册
经部/小学类10行22字小字双行同白口四周双边单鱼尾 存四十八卷（三至五十）

0881 **说文解字注三十二卷**
（清）段玉裁注
清同治十一年（1872）湖北崇文书局刻本 48 册
经部/小学类 9 行 22 字小字双行同白口四周双边单鱼尾

0882 **说文解字注三十二卷**
（清）段玉裁注
清同治十一年（1872）湖北崇文书局刻本 48 册
经部/小学类 9 行 22 字小字双行同白口四周双边单鱼尾

0883 **说文解字句读三十卷**
（清）王筠撰
清光绪八年（1882）四川尊经书局刻本 16 册
经部/小学类 10 行 24 字小字双行同白口四周单边单鱼尾

0884 **说文解字十五篇**
（清）段玉裁注
清刻本 4 册
经部/小学类 9行22字小字双行同白口四周单边单鱼尾 存四篇（九至十二篇）

0885 **说文解字十五篇**
（清）段玉裁注
清刻本 7 册
经部/小学类 9 行 22 字小字双行同白口四周单边单鱼尾 存七篇（二、四至五、九至十一、十四）

0886 **说文解字十五篇**
（清）段玉裁注
清刻本 5 册
经部/小学类 9 行 22 字小字双行同白口四周单边单鱼尾 存五篇（四至五、九至十一）

0887　说文解字十五篇
（汉）许慎记
清刻本　1 册
经部/小学类　9 行 22 字小字双行同白口四周单边单鱼尾　存三篇（五至七）

0888　说文解字十五篇
（汉）许慎记
清同治十年（1871）刻本　1 册
经部/小学类　7 行 17 字小字双行同白口四周单边单鱼尾　存二篇（十四至十五）

0889　说文解字□卷附校录
（汉）许慎记
清同治十年（1871）刻本　1 册
经部/小学类　7 行 17 字小字双行同白口四周单边单鱼尾　存一篇（十三）

0890　说文解字十五篇
（汉）许慎记
清同治十年（1871）刻本　7 册
经部/小学类　7 行 17 字小字双行同白口四周单边单鱼尾　存十一篇（五至十五篇）

0891　说文解字十五卷
（汉）许慎记
清同治十年（1871）汲古阁刻本　10 册
经部/小学类　7 行 17 字小字双行同白口四周单边单鱼尾

0892　说文释例二十卷
（清）王筠学
民国四年（1915）石印本　8 册
经部/小学类　17 行 26 字小字双行同白口四周双边单鱼尾

0893　说文释例二十卷
（清）王筠学
民国四年（1915）石印本　8 册
经部/小学类　17 行 26 字小字双行同白口四周双边单鱼尾

0894　说文释例二十卷
（清）王筠学
清光绪九年（1883）成都御风楼刻本　15 册
经部/小学类　9 行 22 字小字双行同黑口四周单边双鱼尾　存十九卷（一至十五、十七至二十）

0895　说文释例二十卷
（清）王筠学
清光绪九年（1883）成都御风楼刻本　16 册
经部/小学类　9 行 22 字小字双行同黑口四周单边双鱼尾

0896　说文释例二十卷
（清）王筠学
清光绪九年（1883）成都御风楼刻本　3册
经部/小学类　9行22字小字双行同黑口四周单边双鱼尾　存三卷（一至二、七）

0897　说文释例二十卷
（清）王筠学
清道光十七年（1837）中江家塾刻本　20 册
经部/小学类　9 行 22 字小字双行同黑口四周单边双鱼尾

0898　说文二徐笺异十四篇
（清）田吴炤撰
清宣统元年（1909）石印本　2 册
经部/小学类　11 行 25 字小字双行同黑口四周单边

0899　说文逸字辨证二卷
（清）郑珍原本　（清）李桢辨证
清光绪二十一年（1895）畹兰室刻本　2册
经部/小学类　9 行 19 字小字双行同黑口四周双边单鱼尾

0900　说文上经考证八卷
（清）陈瑑学　（清）徐郙参校
清同治十三年（1874）湖北崇文书局刻本 2 册
经部/小学类　10 行 23 字小字双行同白口四周双边单鱼尾

0901　说文上经考证八卷
（清）陈瑑学　（清）徐郙参校
清同治十三年（1874）湖北崇文书局刻本 4 册
经部/小学类　10 行 23 字小字双行同白口四周双边单鱼尾

0902　说文上经考证八卷
（清）陈瑑学　（清）徐郙参校
清同治十三年（1874）湖北崇文书局刻本 4 册
经部/小学类　10 行 23 字小字双行同白口四周双边单鱼尾

0903　说文解字击传校勘记三卷
（清）承培元撰
清道光十九年（1839）刻本　1 册
经部/小学类　10 行 22 字小字双行同白口四周单边单鱼尾

0904　汲古阁说文订不分卷
（清）姚觐元辑
清光绪九年（1883）归安姚氏尺进斋刻本 3 册
经部/小学类　13 行 22 字小字双行同黑口四周单边双鱼尾

0905　说文新附考六卷
（清）郑珍撰
清光绪四年（1878）归安姚氏尺进斋刻本 3 册
经部/小学类　13 行 22 字小字双行同黑口四周单边双鱼尾

0906　说文辨字正俗八卷
（清）李富孙学
清同治六年（1867）刻本　2 册
经部/小学类　10 行 21 字小字双行同黑口四周单边单鱼尾

0907　说文新附考六卷
（清）钮树玉
清刻本　2 册
经部/小学类　10 行 23 字小字双行同白口四周双边单鱼尾

0908　说文引经证例二十四卷
（清）承培元撰
清光绪二十一年（1895）广雅书局刻本 6 册
经部/小学类　11行24字小字双行同黑口四周单边单鱼尾版心有字“广雅书局刊”

0909　广潜研堂说文答问疏证八卷
（清）承培元撰
清光绪十八年（1892）刻本　1 册
经部/小学类　11行24字小字双行同黑口四周单边单鱼尾版心有字“广雅书局刊”

0910　说文问答疏证六卷
（清）薛傅均撰
清光绪八年（1882）御风楼刊　2 册
经部/小学类　13 行 22 字小字双行同黑

口四周单边双鱼尾

0911 郑斋汉学文编六卷
（清）文孙雄撰
清光绪三十四年（1908）师郑业书铅印本 2册
经部/小学类 10行30字小字双行同白口四周双边单鱼尾版心有字“师郑丛书”

0912 韵诂不分卷
（清）方浚颐箴辑
清光绪四年（1878）淮南书局刻本 6册
经部/小学类 8行30字小字双行不同白口四周单边单鱼尾

0913 字典考证十二集三十六卷
（清）奕绘等纂
清光绪二年（1876）刻本 6册
经部/小学类 8行22字小字双行不同白口四周双边单鱼尾

0914 字典考证十二集三十六卷
（清）奕绘等纂
清光绪二年（1876）刻本 6册
经部/小学类 10行21字小字双行同白口四周双边

0915 字典考证十二集三十六卷
（清）奕绘等纂
清光绪二年（1876）刻本 6册
经部/小学类 10行21字小字双行同白口四周双边

0916 汉文教授法不分卷
（清）戴懋哉编
清光绪三十年（1904）石印本 1册
经部/小学类 10行20字小字双行同白口四周双边单鱼尾

0917 和文汉译读本八卷
（日本）坪内雄藏编辑
清光绪二十八年（1902）商务印书馆石印本 5册
经部/小学类 8行12字白口四周单边单鱼尾 存五卷（二、四、六至八）

0918 和文汉译读本八卷
（日本）坪内雄藏编辑
清光绪三十二年（1906）上海商务印书馆石印本 4册
经部/小学类 12行27字黑口四周双边单鱼尾版心有字“商务印书馆印行” 存四卷（一、三、四、八）

0919 虚字使用法不分卷
（民国）周善培著
民国八年（1919）上海商务印书馆石印本 2册
经部/小学类 11行30字白口四周双边单鱼尾

0920 虚字使用法不分卷
（民国）周善培著
民国八年（1919）上海商务印书馆石印本 2册
经部/小学类 11行30字白口四周双边单鱼尾

0921 虚字使用法不分卷
（民国）周善培著
民国八年（1919）上海商务印书馆石印本 3册
经部/小学类 11行30字白口四周双边单鱼尾

0922 虚字使用法不分卷
（民国）周善培著

民国八年（1919）上海商务印书馆石印本 1册
经部/小学类 11行30字白口四周双边单鱼尾

0923 **小学集解六卷**
（清）张伯行注 （清）李兰汀校订
民国元年（1912）鄂官书处刻本 2册
经部/小学类 9行17字小字双行同白口四周双边单鱼尾 存三卷（一至二、六）

0924 **类腋物部十六卷**
（清）姚培卿辑 （清）张卿云辑
清乾隆二十八年（1763）刻本 4册
经部/小学类 9行24字小字双行同白口四周单边单鱼尾 存十二卷（五至十六）

0925 **两汉隽计十六卷**
（宋）括苍林辑 （明）天兴凌校
清刻本 1册
经部/小学类 8行17字小字双行同白口四周单边单鱼尾版心有字“八杉斋校本” 存三卷（一至三）

0926 **释名八卷**
（汉）刘熙撰
清光绪二十二年（1896）刻本 1册
经部/小学类 10行20字小字双行同白口四周单边单鱼尾

0927 **类腋人部十五卷**
（清）姚培卿辑 （清）张卿云辑
清乾隆二十八年（1763）刻本 2册
经部/小学类 9行24字小字双行同白口四周单边单鱼尾 存七卷（一至四、九至十一）

0928 **左国腴词八卷**
（明）凌迪知辑 （清）闵一雀校
清光绪七年（1881）八杉斋刻本 2册
经部/小学类 8行17字小字双行同白口四周单边单鱼尾

0929 **增广尚友录统编二十二卷**
（清）韩卿甫编辑
清光绪二十八年（1902）鸿宝斋石印本 12册
经部/书类 14行49字小字双行同白口四周双边单鱼尾

0930 **策海□卷**
（□）□□辑
清刻本 2册
经部/书类 12行26字小字双行同白口四周双边单鱼尾 存三卷（五、十一至十二）

0931 **初学行文语类四卷**
（清）孙延编辑
清乾隆刻本 1册
经部/小学类 11行26字小字双行同白口四周单边单鱼尾

0932 **英文汉诂□卷**
（清）严复
清光绪三十二年（1906）石印本 1册
经部/小学类 7行17字白口

0933 **邦语佛兰西文典□卷**
（日本）松井知时编
清光绪二十八年（1902）东京博文馆石印本 1册
经部/小学类 13行白口 存一卷（上）

0934 **字林考逸八卷**
（清）任大椿学
清光绪十六年（1890）江苏书局刻本 2册

经部/小学类　10 行 22 字小字双行同白口四周单边单鱼尾　存八卷（一至八）

0935　声类表九卷首一卷
（清）戴震撰
清刻本　2 册
经部/小学类　10 行 21 字小字双行同黑口四周单边双鱼尾　存九卷（一至九）

0936　屈宋古音义五卷
（明）陈第著　（明）焦竑阅　（清）徐时作重订
民国二十三年（1934）双流黄氏济忠堂刻本　2册
经部/小学类　10 行 21 字小字双行同黑口四周单边单鱼尾　存三卷（一至三）

0937　诗声类十二卷诗声分例一卷
（清）孔广森学
清刻本　2 册
经部/小学类　10行20字小字双行同黑口四周单边双鱼尾　存十一卷（一至十一）

0938　四声切韵表不分卷
（清）江永撰
民国七年（1918）休宁赵氏刻本　1 册
经部/小学类　10 行 21 字小字双行同黑口四周双边单鱼尾

0939　声韵考四卷
（清）戴震撰
清刻本　1 册
经部/小学类　10 行 21 字小字双行同黑口四周单边双鱼尾

0940　声韵学概要不分卷
（民国）殷孟伦编
民国油印本　1 册
经部/小学类　14 行 33 字小字双行同黑口四周单边单鱼尾

0941　声类四卷
（清）钱大昕述
清道光龙氏家塾刻本　2 册
经部/小学类　10 行 22 字小字双行同黑口四周单边双鱼尾

0942　小学集解六卷
（清）李兰汀校订　（清）张伯行纂辑
清同治八年（1869）福州正谊书院刻本　3 册
经部/小学类　10 行 21 字小字双行同白口四周单边单鱼尾版心有字“正谊堂”　存五卷（一至五）

0943　经训比义三卷
（清）黄以周述
清光绪二十二年（1896）南菁讲舍刻本　1 册
经部/群经总义类　10 行 21 字小字双行同黑口四周双边单鱼尾　存一卷（上）

0944　四声切韵表不分卷
（清）伍崇曜编
清粤雅堂业书刻本　1 册
经部/小学类　9 行 21 字小字双行同黑口四周单边版心有字“粤雅堂丛书”

0945　新编经史正音切韵指南一卷
（元）刘鉴撰
清碧琳琅馆业书刻本　1 册
经部/小学类　10 行 18 字小字双行同黑口四周双边版心有字“碧琳琅馆丛书”

0946　古韵标准四卷
（清）江永撰
清粤雅堂业书刻本　1 册

经部/小学类　9 行 21 字小字双行同黑口四周单边版心有字“粤雅堂丛书”　存三卷（二至四）

0947　**集韵声类表四卷**
（清）黄侃撰
民国二十五年（1936）上海开明书店刻本　1 册
经部/小学类　13 行 33 字小字双行同白口四周单边版心有字“开明书店印”

0948　**诗韵集成十卷**
（清）余照辑
清石印本　4 册
经部/小学类　分栏 9 行 25 字小字双行同白口四周单边　存七卷（三至九）

0949　**诗韵集成十卷**
（清）余照辑
清石印本　2 册
经部/小学类　分栏 9 行 25 字小字双行同白口四周单边　存六卷（三至四，七至十）

0950　**文科大辞典十二集**
（清）国学扶轮社编辑
清宣统三年（1911）上海国学扶轮社铅印本　9 册
经部/小学类　分栏 14 行 20 字小字双行同黑口四周单边单鱼尾　存九集（子、丑、寅、卯、辰、巳、午、未、申）

0951　**隶书大字典十五卷首一卷**
（清）翟云升撰
民国十三年（1924）影印本　2 册
经部/小学类　14 行 25 字小字双行同白口四周单边单鱼尾　存十六卷（首、一至十五）

0952　**隶书大字典十五卷**
（清）翟云升撰
民国十三年（1924）影印本　7 册
经部/小学类　14 行 25 字小字双行同白口四周单边单鱼尾　存十三卷（一至十、十二至十四）

0953　**隶书大字典十五卷**
（清）翟云升撰
民国十三年（1924）影印本　1 册
经部/小学类　14 行 25 字小字双行同白口四周单边单鱼尾　存一卷（四）

0954　**六书十二声传十二卷**
（清）吕吴著
清观象庐丛书刻本　9 册
经部/小学类　6行22字小字双行同黑口四周双边双鱼尾版心有字“观象庐丛书”

0955　**唐韵正二十卷**
（清）顾炎武撰
清光绪十六年（1890）湖南思贤讲舍刻本　8 册
经部/小学类　9行21字小字双行同黑口四周单边单鱼尾　存二十卷（一至二十）

0956　**韵辨附文五卷**
（清）沈兆霖撰
清同治十二年（1873）东川书院藏板刻本　5 册
经部/小学类　7 行 16 字小字双行不同白口四周单边单鱼尾

0957　**广韵五卷**
（宋）陈彭年等修
清刻本　4 册
经部/小学类　10 行 25 字小字双行不同白口四周单边单鱼尾

0958　**集韵考正十卷**
（清）方成珪学
清光绪五年（1879）瑞安孙诒让诒善堂祠塾刻本　10 册
经部/小学类　13 行 23 字小字双行同黑口四周单边单鱼尾　存十卷（一至十）

0959　**圆机诗韵活法全书十四卷**
（明）王世贞校
清聚秀堂刻本　2 册
经部/小学类　11行30字小字双行不同白口四周双边单鱼尾　存九卷（六至十四）

0960　**释名四卷**
（汉）刘熙著　（清）廖映书校
清刻本　2 册
经部/小学类　9 行 20 字小字双行同白口四周单边单鱼尾

0961　**小学集解六卷**
（明）陈选集注　（清）高愈纂注　（清）王炳瀛参订
清同治八年（1869）板存长邑下场文昌宫刻本　4 册
经部/小学类　9 行 20 字小字双行同白口四周单边单鱼尾　存六卷（一至六）

0962　**事物原会四十卷**
（清）汪汲葵录
清嘉庆元年（1796）古愚山房刻本　8册
经部/书类　10 行 24 字小字双行同白口四周双边单鱼尾　存三十六卷（一至二十、二十五至四十）

0963　**方言十三卷**
（汉）扬雄纪　（清）赵秉裕校
清刻本　1 册
经部/小学类　9行20字小字双行同白口四周单边单鱼尾　存十三卷（一至十三）

0964　**小学古训，庞氏家训**
（明）黄佐著
清道光三十年（1850）南海伍氏粤雅堂刻本　1 册
经部/小学类　11行22字小字双行同黑口四周单边双鱼尾版心有字“粤雅堂丛书”

0965　**避讳录五卷**
（清）黄本骥编辑　（清）蒋瓖维参校
清道光二十六年（1846）知敬学斋刻本　1 册
经部/小学类　10 行 21 字小字双行同白口四周双边单鱼尾

0966　**避讳录五卷**
（清）黄本骥编辑　（清）蒋瓖维参校
清道光二十六年（1846）知敬学斋刻本　1 册
经部/小学类　10 行 21 字小字双行同白口四周双边单鱼尾

0967　**敬避字样一卷韵辨**
（□）□□撰
清刻本　1 册
经部/小学类　8 行 19 字小字双行同白口四周双边单鱼尾

0968　**切韵考六卷**
（清）陈澧撰
清刻本　1 册
经部/小学类　11 行 28 字小字双行同黑口四周单边单鱼尾　存二卷（五至六）

0969　**玉篇三十卷**
（南朝梁）顾野王撰　（宋）陈彭年等重修
清道光三十年（1850）新化邓氏摹雕于

邵州东山精舍刻本清道光三十年（1850）
3册
经部/书类　10行25字小字双行不同白口四周单边单鱼尾

0970　经籍纂诂一百六十卷
（清）阮元撰
清嘉庆十七年（1812）刻本　58册
经部/群经总类　16行20字白口四周单边单鱼尾

0971　康熙字典十二集
（清）张玉书　（清）陈廷敬等撰
清刻本　30册
经部/小学类　16行24字白口四周双边单鱼尾　存十一集（子至戌）

0972　康熙字典十二集补遗一卷，备考一卷，等韵一卷，检字辨似一卷
（清）张玉书　（清）陈廷敬等撰
清道光七年（1827）刻本　40册
经部/小学类　8行16字小字双行同白口四周双边单鱼尾　存十二集（子至亥，补遗一，备考一，等韵一，检字辨似一）

0973　康熙字典十二集
（清）张玉书　（清）陈廷敬等撰
清光绪二十九年（1903）上海文澜书局石印本　6册
经部/小学类　42行60字白口四周双边单鱼尾　存十二集（子至亥，凡例补遗等韵检字辨似十二集备考）

0974　康熙字典十二集
（清）张玉书　（清）陈廷敬等撰
清光绪二十九年（1903）上海文澜书局石印本　3册
经部/小学类　42行60字白口四周双边单鱼尾　存五集（未至亥、十二集备考补遗）

0975　康熙字典十二集
（清）张玉书　（清）陈廷敬等撰
清光绪二十九年（1903）上海文澜书局石印本　2册
经部/小学类　42行60字白口四周双边单鱼尾　存六集（寅至未）

0976　康熙字典十二集
（清）张玉书　（清）陈廷敬等撰
清光绪二十九年（1903）上海文澜书局石印本　1册
经部/小学类　42行60字白口四周双边单鱼尾　存二集（亥中，备考补遗）

0977　康熙字典十二集补遗一卷备考一卷
（清）张玉书　（清）陈廷敬等撰
清中华图书馆刻本　5册
经部/小学类　28行40字白口四周双边单鱼尾　存五集及备考补遗

0978　康熙字典十二集补遗一卷备考一卷
（清）张玉书　（清）陈廷敬等撰
清上海同文书局石印本　6册
经部/小学类　36行48字白口四周双边单鱼尾版心有字“同文书局石印”

0979　康熙字典十二集总目凡例补遗等韵检字辨似备考
（清）张玉书　（清）陈廷敬等撰
清刻本　18册
经部/小学类　16行24字白口四周双边单鱼尾

0980　康熙字典十二集总目凡例补遗等韵检字辨似备考
（清）张玉书　（清）陈廷敬等撰

民国十一年（1922）石印本　2 册
经部/小学类　11 行 40 字小字双行同白口四周双边双鱼尾　存二集（子、辰）

0981　康熙字典十二集总目凡例补遗等韵检字辨似备考
（清）张玉书　（清）陈廷敬等撰
民国十五年（1926）石印本　6 册
经部/小学类　42 行 62 字白口四周双边单鱼尾

0982　康熙字典十二集补遗一卷备考一卷
（清）张玉书　（清）陈廷敬等撰
清上海鸿宝斋石印本　5 册
经部/小学类　54 行 78 字白口四周双边单鱼尾　存十集（缺巳、午）

0983　康熙字典十二集补遗一卷备考一卷
（清）张玉书　（清）陈廷敬等撰
清上海鸿宝斋石印本　2 册
经部/小学类　54 行 78 字白口四周双边单鱼尾　存四集（寅、卯、辰、亥）

0984　康熙字典十二集补遗一卷备考一卷
（清）张玉书　（清）陈廷敬等撰
清上海鸿宝斋石印本　1 册
经部/小学类　54 行 78 字白口四周双边单鱼尾　存二集（亥集中、备考补遗）

0985　钦定骈字类编二百四十卷
（清）沈宗敬等编
清石印本　19 册
经部/小学类　20 行 42 字小字双行同白口四周双边双鱼尾　存九十二卷（一百零九至一百八十、二百零八至二百一十二、二百二十二至二百二十八、二百三十三至二百四十）

0986　说文解字通释四十卷
（南唐）徐锴撰
清刻本　1 册
经部/小学类　9 行 20 字小字双行同黑口四周单边　存三卷（十二至十四）

0987　说文通训定声十八卷
（清）朱骏声纪录　（清）朱镜蓉参订
清石印本　4 册
经部/小学类　34 行 53 字白口四周双边单鱼尾　存十卷（四至五、八至九、十三至十八）

0988　说文楬原二卷
（清）张行孚缀　（清）余澍校
清光绪十一年（1885）余澍维扬识小居刻本　1 册
经部/小学类　7 行 16 字小字双行同黑口四周单边单鱼尾

0989　说文引经考十六卷
（清）吴玉搢著
清光绪九年（1883）归安姚氏尺进斋刻本　2 册
经部/群经总义类　13 行 22 字小字双行同黑口四周单边双鱼尾版心有字“尺进斋丛书”

0990　说文解字通释三十卷
（南唐）徐锴撰
清光绪九年（1883）刻本　7 册
经部/小学类　7 行 22 字小字双行不同白黑口四周单边单鱼尾

0991　说文解字通释四十卷
（南唐）徐锴撰
清刻本　7 册
经部/小学类　10 行 22 字小字双行不同

白口四周单边单鱼尾

0992 说文解字通释四十卷
（南唐）徐锴撰
清刻本 2册
经部/小学类 10行22字小字双行不同白口四周单边单鱼尾 存十卷（十一至二十）

0993 说文解字通释□卷
（南唐）徐锴撰
清刻本 1册
经部/小学类 10行22字小字双行不同白口四周单边单鱼尾 存五卷(一至五）

0994 说文古籀补十四卷附录一卷
（清）吴大澄撰
清光绪二十四年（1898）刻本 2册
经部/小学类 8行白口四周单边单鱼尾存十五卷（一至十四，附录一）

0995 说文解字四十卷
（南唐）徐锴撰
清道光十九年（1839）祁寯藻刻本 1册
经部/小学类 10行22字小字双行不同黑口四周单边单鱼尾 存十卷（三十一至四十）

0996 释人疏证二卷
（宋）叶德辉述
清光绪二十八年（1902）刻本 1册
经部/小学类 11行22字小字双行同黑口四周单边双鱼尾

0997 说文部目二卷
（汉）许慎撰
清刻本 1册
经部/小学类 8行19字小字双行同黑口四周双边单鱼尾 存一卷（下）

0998 说文部首今读一卷
（清）钱玄同撰
1958年上海新知识出版社影印本 2册
经部/小学类 版心有字“疑古玄同”

0999 说文部首今读一卷
（清）钱玄同撰
1958年上海新知识出版社影印本 2册
经部/小学类 版心有字“疑古玄同”

1000 说文徐氏新补新附考证一卷
（清）钱大昭著
清光绪十九年（1893年）南陵徐乃昌刻本 1册
经部/小学类 11行19字黑口四周单边双鱼尾

1001 说文古籀疏证六卷
（清）庄述祖
清刻本 3册
经部/小学类 9行22字小字双行同黑口四周单边单鱼尾 存四卷（一至二、五至六）

1002 说文外编十六卷
（清）雷浚撰
清光绪二年（1876）吴县雷氏刻本 3册
经部/小学类 10行21字小字双行同黑口四周双边单鱼尾 存九卷（四至七、十二至十六）

1003 养正类编十三卷
（清）张伯行辑
清福州正谊书院刻本 1册
经部/书类 10行22字小字双行同白口四周单边单鱼尾版心有字“正谊堂”

1004　康熙字典十二集
（清）张玉书　（清）陈廷敬等
清上海锦章图书局石印本　1 册
经部/小学类　52 行白口四周双边单鱼尾　存一卷（亥）

1005　说文解字注十五篇附六书音均表五卷提要一卷
（清）段玉裁注
民国九年（1920）上海扫叶山房石印本 12 册
经部/小学类　14 行 36 字小字双行不同白口四周单边单鱼尾版心有字“上海扫叶山房藏版”

1006　说文解字注十五篇附部目分韵一卷说文提要一卷
（清）段玉裁注
民国九年（1920）上海扫叶山房石印本 4 册
经部/小学类　14 行 36 字小字双行不同白口四周单边单鱼尾版心有字“上海扫叶山房藏版”　存五卷（十一至十五）

1007　说文解字注十五篇附六书音均表五卷提要一卷
（清）段玉裁注
民国九年（1920）上海扫叶山房石印本 2 册
经部/小学类　14 行 36 字小字双行不同白口四周单边单鱼尾版心有字“上海扫叶山房藏版”　存九篇五卷（七至十五，六书间均表一至五）

1008　说文解字注十五篇附六书音均表五卷提要一卷
（清）段玉裁注
民国九年（1920）上海扫叶山房石印本 1 册
经部/小学类　14 行 36 字小字双行不同白口四周单边单鱼尾版心有字“上海扫叶山房藏版”　存二卷（十四至十五）

1009　经籍纂诂一百六十卷
（清）阮元撰
清刻本　46 册
经部/群经总义类　16 行 20 字小字双行同白口四周单边单鱼尾　存一百零一卷（二至一百零二）

1010　诗韵合璧五卷
（清）汤文潞编
清光绪四年（1878）上海淞隐阁铅印本 1 册
经部/小学类　22 行 42 字小字双行同白口四周双边单鱼尾　存一卷（二）

1011　玉函山房辑佚书□卷
（魏）桓范　（吴）陈融等撰
清长沙娜嬛馆刻本　1 册
经部/书类　9 行 20 字小字双行同白口四周单边单鱼尾版心有字“娜嬛馆补校”存十一卷

1012　六书通□卷
（清）闵齐伋撰
清石印本　3 册
经部/书类　16行24字小字双行同白口四周双边单鱼尾　存七卷（一至六、首一）

1013　声律启蒙撮要二卷
（清）聂铣敏重订
清刻本　1 册
经部/小学类　9 行 25 字小字双行同白口四周单边单鱼尾　存一卷（下）

1014　皇朝经籍志□卷
（清）黄本骥辑
清道光二十五年（1845）三长物斋刻本　1 册
经部/群经总义类　10行21字小字双行同白口四周双边单鱼尾　存三卷（六至八）

1015　说文通训定声十八卷
（清）朱骏声撰
清石印本　3 册
经部/小学类　17 行 26 字小字双行同白口四周单边单鱼尾

1016　顾曲录四卷
（清）徐友兰辑
清光绪十三年（1884）会稽徐氏八杉斋刻本　1 册
经部/书类　9 行 21 字小字双行同白口四周单边单鱼尾　存四卷（一至四）

1017　说文解字通释四十卷
（南唐）徐锴撰
清刻本　1 册
经部/小学类　18 行 10 字小字双行同黑口四周单边　存五卷(二十一至二十五）

1018　国文适用集字韵释□卷
（民国）李翼撰
民国石印本　4 册
经部/小学类　8 行 20 字小字双行同白口四周双边单鱼尾　存四卷（一至四）

1019　家缏四十八卷
（清）杜大恒编
清光绪二十二年（1896）俪峰书屋刻本　4 册
经部/书类　4 行 9 字小字双行同白口四周单边单鱼尾版心有字“俪峰书屋”　存二十八卷（一至二十一、四十二至四十八）

1020　十三经生字不分卷
（□）□□辑
清刻本　12 册
经部/群经总义类　3 行 4 字小字双行同黑口四周双边单鱼尾

1021　便蒙丛书初集十种
（清）张一鹏编著
清光绪二十八年（1902）广业书局刻本　2 册
经部/小学类　12 行 23 字小字双行同黑口四周单边单鱼尾

1022　坌字编一卷
（清）汪汲编
清古愚山房刻本　1 册
经部/小学类　8 行 18 字小字双行不同白口四周单边

1023　绘图识字实在易不分卷
（清）施崇恩编
清光绪二十九年至三十年(1903—1904）石印本　4 册
经部/小学类　分栏白口四周单边单鱼尾

1024　增订金壶字考一卷
（宋）释适之撰　（清）田朝恒增订
清光绪元年（1875）京都琉璃厂东善成堂刻本　1 册
经部/小学类　8 行 15 字小字双行同白口四周单边单鱼尾

1025　精图一万字文二卷
（□）□□辑

清光绪三十四年（1908）上海章福记石印本　1册
经部/小学类　分栏白口四周单边单鱼尾　存一卷（下）

1026　字学举隅一卷
（清）龙启瑞撰
清同治十三年（1874）湖北崇文书局重雕刻本　1册
经部/小学类　7行 13字小字双行同白口四周单边单鱼尾

1027　注音字母国语讲义不分卷
（清）王璞辑　（清）陈恩荣校
民国九年（1920）北京注音字母书报社石印本　1册
经部/小学类　11行 24字小字双行同白口四周单边单鱼尾

1028　会文学社字课图说八卷
（清）刘树屏撰
清石印本　3册
经部/小学类　分栏白口四周单边单鱼尾　存四卷（一至二、七至八）

1029　新增幼学故事琼林四卷首一卷
（清）程允升撰
清光绪二十七年（1901）新镌刻本　3册
经部/小学类　10行33字小字双行同白口四周单边单鱼尾　存地部九卷（一至九）

1030　类腋六十七卷
（清）姚培先集
清道光二十四年（1844）瞻云阁刻本　1册
经部/小学类　9行24字小字双行同白口四周单边单鱼尾　存天部八卷（一至八）

1031　类腋六十七卷
（清）姚培先集
清道光二十四年（1844）瞻云阁刻本　4册
经部/小学类　9行 24字小字双行同白口四周单边单鱼尾

1032　太史华句八卷
（明）凌迪知辑
清光绪十三年（1887）会稽徐氏八杉斋刻本　1册
经部/小学类　8行 17字小字双行同白口四周单边单鱼尾　存五卷（四至八）

1033　楚骚绮语六卷
（明）张之象辑　（明）凌迪知订
清八杉斋刻本　1册
经部/小学类　8行 17字小字双行同白口四周单边单鱼尾版心有字“八杉斋校本”　存三卷（四至六）

1034　儿笘录四卷
（清）俞樾撰
民国七年（1918）观鉴庐刻本　2册
经部/书类　9行 22字小字双行同白口四周单边单鱼尾版心有字“观鉴庐”

1035　篆字汇十卷
（清）毕弘述篆订
民国石印本　4册
经部/小学类　16行 24字小字双行同白口四周单边单鱼尾　存八卷（三至十）

1036　说文通训定声十八卷检部检韵一卷说雅韵准一卷
（清）朱骏声纪录
民国十七年（1928）上海扫叶山房石印本　16册
经部/小学类　14行 33字小字双行同白

口四周单边单鱼尾　存二十卷（一至十八，检部检韵一，说雅韵准一）

1037　说文通训定声十八卷检部检韵一卷说雅韵准一卷
（清）朱骏声纪录
民国十七年（1928）上海扫叶山房石印本　3 册
经部/小学类　14 行 33 字小字双行同白口四周单边单鱼尾　存三卷（一、七，说雅韵准一）

1038　小学韵语不分卷
（清）罗泽南著
清咸丰六年（1856）长沙刻本　1 册
经部/小学类　白口四周双边单鱼尾

1039　汲古阁说文订不分卷
（清）段玉裁撰
清同治十一年（1872）湖北崇文书局刻本　1 册
经部/小学类　9 行 22 字小字双行同白口四周双边单鱼尾

1040　说文解字韵谱十卷
（南唐）徐锴撰
清刻本　1 册
经部/小学类　6 行 8 字小字双行同白口四周双边双鱼尾

1041　说文辨疑不分卷
（清）顾广圻
清光绪三年（1877）湖北崇文书局刻本 2 册
经部/小学类　9 行 21 字白口四周双边单鱼尾

1042　说文辨疑不分卷
（清）顾广圻
清光绪三年（1877）湖北崇文书局刻本 2 册
经部/小学类　9 行 21 字白口四周双边单鱼尾

1043　古学考不分卷
（清）廖平撰
清光绪二十三年（1897）尊经书局刻本 1 册
经部/小学类　10 行 22 字小字双行同白口四周单边单鱼尾

1044　辨似不分卷
（清）龙光甸　（清）龙启瑞辑
清刻本　1 册
经部/小学类　8 行 19 字小字双行同白口四周双边单鱼尾

1045　班马字类五卷
（宋）娄机撰
清光绪九年（1883）后知不足斋刊刻本 1 册
经部/小学类　9 行 15 字小字双行同白口四周单边单鱼尾

1046　说文解字十五卷
（汉）许慎记
清刻本　1 册
经部/小学类　7 行 15 字小字双行白口四周单边单鱼尾　存二卷（三至四）

1047　契学概论不分卷
（清）陈晋著
民国二十二年（1933）影印本　1 册
经部/小学类　10 行 24 字黑口

1048　声类四卷
（清）钱大昕述
清粤雅堂刻本　1 册

经部/小学类　9 行 21 字小字双行同黑口四周单边版心有字“粤雅堂丛书”　存一卷（一）

1049　文字蒙求四卷
（清）王筠撰
清光绪十三年（1887）梁溪浦氏刻本　2册
经部/小学类　6 行 22 字小字双行不同白口四周单边单鱼尾　存四卷(一至四)

1050　文字通诠八卷
（民国）杨誉龙著
民国十二年（1923）上海中华书局石印本　4 册
经部/小学类　12 行 30 字黑口四周双边单鱼尾版心有字“中华书局印行”

1051　文字通诠八卷
（民国）杨誉龙著
民国十二年（1923）上海中华书局石印本　2 册
经部/小学类　12 行 30 字黑口四周双边单鱼尾版心有字“中华书局印行”

1052　古文四声韵五卷附录一卷
（宋）夏竦集
清光绪八年（1882）碧琳琅馆藏版　1册
经部/小学类　版心有字“碧琳琅馆丛书”　存三卷（一至三）

1053　说文偏旁一卷
（清）张之洞撰
清光绪七年（1881）京都琉璃厂刻本　1册
经部/小学类　8 行 21 字小字双行同黑口四周单边单鱼尾

1054　说文部首读本十四卷
（清）啸云主人编
清末湖北武昌啸云书室刻本　1 册
经部/小学类　8 行 20 字小字双行同白口四周单边双鱼尾

1055　说文段注校三种
（清）叶德辉辑
清光绪二十八年（1902）长沙叶氏刻本　1 册
经部/小学类　11 行 22 字黑口四周单边双鱼尾

1056　古韵表集说二卷
（清）夏炘撰
民国铅印本　1 册
经部/小学类　分栏黑口四周双边单鱼尾

1057　段氏说文注八卷
（清）钮树玉著
清同治十三（1874）湖北崇文书局刻本　2 册
经部/小学类　9 行 22 字白口四周双边单鱼尾

1058　段氏说文注八卷
（清）钮树玉著
清同治十三（1874）湖北崇文书局刻本　2 册
经部/小学类　9 行 22 字白口四周双边单鱼尾

1059　音学五书三十八卷
（清）顾炎武撰
清光绪十六年（1890）思贤讲舍刻本　12 册
经部/小学类　9 行 23 字黑口四周单边单鱼尾

1060　中国文字学三章
（民国）顾实著
民国二十一年（1932）上海商务印书馆影印本　1 册

经部/小学类　12 行 38 字小字双行同白口四周单边单鱼尾版心有字“东南大学丛书”

1061　**字学举隅不分卷**
（清）龙光甸撰
清光绪二年（1876）京都松竹斋刻本　1册
经部/小学类　8 行 19 字小字双行同白口四周单边单鱼尾

1062　**六书分类十二卷卷首一卷**
（清）傅世垚著
清刻本　3 册
经部/四书类　8 行 17 字小字双行同白口四周单边单鱼尾版心有字“德公阁”存三卷（十至十二）

1063　**伊川经说八卷**
（宋）程颐撰
清刻本　1 册
经部/群经总义类　12行22字小字双行同黑口四周单边双鱼尾　存四卷（一至四）

1064　**说文解字韵谱下平声十卷**
（南唐）徐锴撰
清刻本　1 册
经部/小学类　6 行 12 字小字双行同白口四周双边双鱼尾　存一卷（二）

1065　**词名集解续编二卷**
（清）汪汲撰
清刻本　1 册
经部/小学类　9 行 24 字白口四周单边单鱼尾

1066　**韵学源流不分卷**
（清）莫友芝撰
民国十二年（1923）贵阳文通书局石印本　1 册
经部/小学类　9 行 21 字黑口四周单边单鱼尾版心有字“贵阳文通书局印”

1067　**说文匡鄦一卷**
（民国）石一参撰
民国二十年（1931）上海商务印书馆石印本　1 册
经部/小学类　10 行 21 字白口四周双边

1068　**说文释例二十卷**
（清）王筠撰
清刻本　1 册
经部/小学类　9 行 22 字小字双行同黑口四周单边双鱼尾　存一卷（十六）

1069　**小学集解六卷**
（清）张伯行辑　（清）李兰汀订
清刻本　1 册
经部/小学类　9 行 17 字小字双行同白口四周单边单鱼尾　存三卷（三至五）

1070　**论语集注本义汇参二十卷首一卷**
（清）王步青辑
清敦复堂刻本　6 册
经部/四书类　9 行 22 字小字双行同白口四周单边单鱼尾版心有字“敦复堂课本”存十二卷（三至十二、十六至十七）

1071　**新订四书补注备旨十卷**
（明）邓林撰　（清）祁文友重校
（清）邓煜编次　（清）杜定基增订
清儒兴堂刻本　3 册
经部/四书类　分栏 11 行 32 字小字双行同白口四周双边单鱼尾　存四卷（下论三至四，下孟三至四）

1072　**十三经集句类联二十八卷**
（清）明经编

清光绪二十一年（1895）刻本　3 册
经部/群经总义类　7 行 23 字小字双行同白口四周单边单鱼尾　存十八卷（一至五、十六至二十八）

1073　十三经集句类联二十八卷
（清）明经编
清光绪二十一年（1895）刻本　1 册
经部/群经总义类　7 行 23 字小字双行同白口四周单边单鱼尾　存六卷（十三至十八）

1074　十三经音略十三卷
（清）周春撰
清嘉庆七年（1802）刻本　5 册
经部/群经总义类　9行21字小字双行同黑口四周单边版心有字“粤雅堂丛书”

1075　御纂七经义疏不分卷
（清）□□撰
清光绪二十九年（1903）铸记书局石印本　19 册
经部/群经总义类　分栏白口四周单边单鱼尾

1076　宋本十三经注疏附校勘记四百一十六卷
（清）阮元撰
清光绪十三年（1887）中国脉望仙馆石印本　81 册
经部/群经总义类　20 行 47 字小字双行同白口四周单边单鱼尾

1077　十三经注疏四百一十六卷
（魏）王弼注　（唐）陆德明音义
（唐）孔颖达疏
清同治十年（1871）广东书局重刊菊坡精舍武英殿刻本　119 册
经部/群经总义类　10 行 21 字小字双行同白口四周单边单鱼尾

1078　十三经注疏四百一十六卷
（魏）王弼注　（唐）孔颖达撰
清刻本　109 册
经部/群经总义类　10 行 24 字小字双行同黑口四周单边双鱼尾

1079　十三经注疏四百一十六卷
（唐）孔颖达　（唐）郑氏等撰
清石印本　13 册
经部/群经总义类　20 行 47 字小字双行同白口四周单边单鱼尾

1080　牖蒙丛编二十四卷卷首一卷
（清）王锡祺编次
清光绪二十七年（1901）南清河王氏小方壶斋铅印本　1 册
经部/小学类　10 行 14 字小字双行同黑口四周双边单鱼尾　存一卷（三）

1081　皇朝五经汇解二百七十卷
（清）诀经心室主人辑
清石印本　11 册
经部/群经总义类　19 行 80 字小字双行同黑口四周双边单鱼尾　存七十八卷（九十三至一百七十）

1082　五经味根录三十八卷首五卷
（清）关掞生编
清石印本　2 册
经部/群经总义类　17行51字小字双行同白口四周双边单鱼尾　存三卷（四至六）

1083　五经合纂大成礼记十卷
（清）同文书局编
清石印本　1 册

经部/群经总义类　14行27字小字双行同白口四周单边单鱼尾　存二卷（九至十）

1084　**五经味根录三十八卷首五卷**
（清）竹林馆主人辑
清石印本　1册
经部/群经总义类　17行41字小字双行同白口四周双边单鱼尾版心有字“同文书局印”　存五卷（六至十）

1085　**精选五经文鹄不分卷**
（清）毛乾学等撰
清光绪八年（1882）铅印本　5册
经部/群经总义类　14行30字白口四周单边单鱼尾

1086　**御纂七经**
（清）李光地等撰
清石印本　1册
经部/群经总义类　24行54字小字双行同白口四周单边单鱼尾　存十四卷（十一至二十四）

1087　**札朴十卷**
（清）桂馥撰
清嘉庆十八年（1813）小李山房刻本　6册
经部/书类　10行21字小字双行同黑口四周单边版心有字“小李山房校刊”

1088　**经典释文考证不分卷**
（清）卢文弨考证
清同治八年（1869）湖北崇文书局开雕刻本　2册
经部/群经总义类　11行22字小字双行同黑口四周双边双鱼尾

1089　**经典释文三十卷**
（唐）陆德明撰
清刻本　1册
经部/群经总义类　11行16字小字双行同白口四周单边双鱼尾　存一卷（一）

1090　**经典释文三十卷**
（唐）陆德明撰
民国二年（1913）四川成都存古书局刻本　12册
经部/群经总义类　11行22字小字双行同黑口四周双边双鱼尾

1091　**沈氏经学六种二十卷**
（清）沈淑撰
清光绪八年（1882）知不足斋刻本　3册
经部/群经总义类　9行26字小字双行不同白口四周单边单鱼尾

1092　**古经解汇函十六种附小学汇函十四种**
（清）钟谦钧辑
清同治十二年（1873）菊坡精舍刻本　67册
经部/群经总义类　10行21字小字双行同白口四周单边单鱼尾

1093　**古经解汇函十六种附小学汇函十四种**
（清）钟谦钧辑
清同治十二年（1873）菊坡精舍刻本　2册
经部/群经总义类　10行21字小字双行同白口四周单边单鱼尾　存六卷（一至六）

1094　**五经汇典文括二十卷**
（清）□□撰
清刻本　1册

经部/群经总义类　分栏 14 行 20 字白口四周单边双鱼尾

1095　五经备旨春秋备旨十二卷易经十一卷
（清）邹圣脉等纂辑
清刻本　5 册
经部/群经总义类　分栏 11 行 20 字小字双行同白口四周单边单鱼尾

1096　皇朝五经汇解二百七十卷
（清）抉经心室原纂
清石印本　24 册
经部/群经总义类　40 行 66 字白口四周单边单鱼尾　存二百一十三卷（一至二百一十三）

1097　诂经精舍四集十六卷
（清）陈谟　（清）朱彭年　（清）张凤冈　（清）沈灿校刊　（清）俞樾编次
清刻本　3 册
经部/小学类　9 行 25 字小字双行同白口四周双边双鱼尾　存七卷（一至五、十二至十三）

1098　诂经精舍自课文二卷
（清）俞樾撰
清刻本　1 册
经部/小学类　10 行 21 字小字双行同白口四周单边单鱼尾

1099　礼记二十卷
（清）郑氏注
清刻本　1 册
经部/礼记类　8 行 17 字小字双行同白口四周双边双鱼尾　存二卷（九至十）

1100　明本排字九经直音前集一卷后集一卷
（宋）□□撰
清光绪八年（1882）归安陆氏刻十万卷楼丛书刻本　1 册
经部/群经总义类　10 行 22 字小字双行不同黑口四周双边

1101　皇清经解依经分订十六卷
（清）祝崧年等编
清光绪十六年（1890）湖南船山书局刻本　305 册
经部/群经总义类　11 行 24 字小字双行同白口四周单边单鱼尾版心有字“左传”

1102　皇清经解续编一千四百三十卷
（清）王先慎总辑
清光绪十四年（1888）北京刻本　312册
经部/群经总义类　11 行 24 字小字双行同白口四周单边单鱼尾

二

馆藏古籍（经部）提要与书影

1. 说文部首今读一卷

钱玄同撰

1958 年上海新知识出版社影印本

《说文部首今读》一卷，钱玄同撰。该书是钱先生手写影印本，在编次上自成体系，共分声次（15 页）和韵次（22 页）两卷，卷末由赵荫棠先生题跋，与 1941 年本内容相同，不仅探讨文字的形、义，还研究了音韵和今读，是文字学的锁钥。玄同主张简省笔画，并起草了“第一批简体字表”。简体字表中的 324 个字，是历史上由官方公布的第一批简化汉字。此外，钱玄同还倡导使用新式标点符号、阿拉伯数字、公元纪年法、汉字横行书写等，是文字改革工作的前驱。

钱玄同（1887—1939），浙江吴兴（今浙江湖州）人，原名钱夏，字德潜，又号疑古、逸谷，五四运动前夕改名玄同，中国近代著名思想家，文字音韵家，新文化运动的倡导者。他早年留学日本，加入同盟会，曾任北京大学、北京师范大学教授。

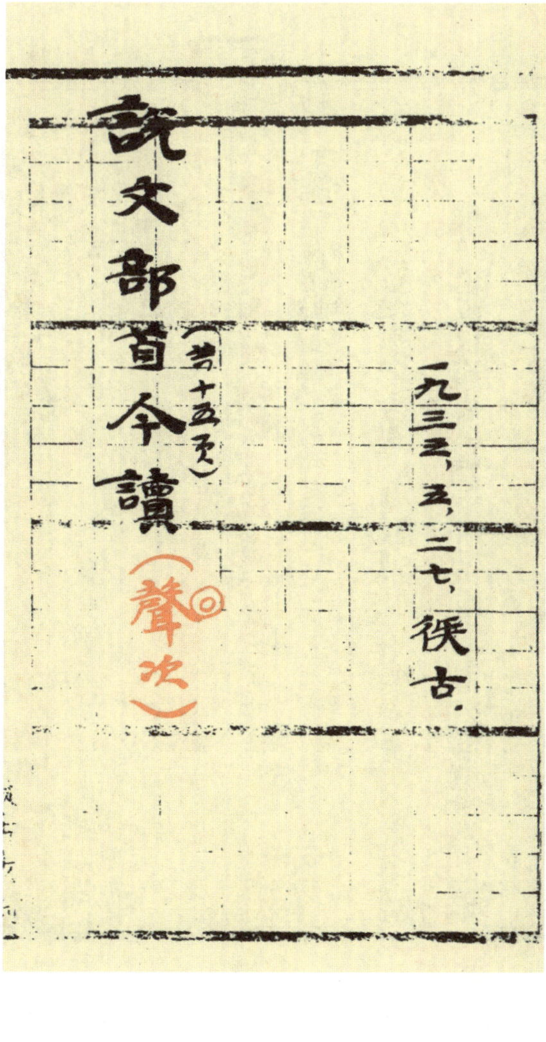

2. 钦定礼记义疏八十二卷首一卷

（清）鄂尔泰等撰

清同治十年（1871）湖北崇文书局刻本

《钦定礼记义疏》录经文四十九篇，厘定为七十七卷，附图五卷，共八十二卷。《礼记》作为汉代辑录的一部学礼笔记，被历代学者所推崇，注释极多，也因此使此本成为殿版《三礼义疏》中卷数最多的一种，其资料之丰富，确为难得。

鄂尔泰（1677—1745），西林觉罗氏，字毅庵，满洲镶蓝旗人。清朝中期名臣，国子祭酒鄂拜之子，与田文镜、李卫并为雍正帝心腹。乾隆十年（1745）病逝，享年六十八岁，谥号文端，配享太庙，入祀京师贤良祠。乾隆二十年（1755），坐胡中藻狱，被撤出贤良祠。鄂尔泰著有《西林遗稿》。雍正帝编著的《朱批谕旨》，收有《鄂尔泰奏折》，汇集了他在云贵广西总督任上的奏疏。

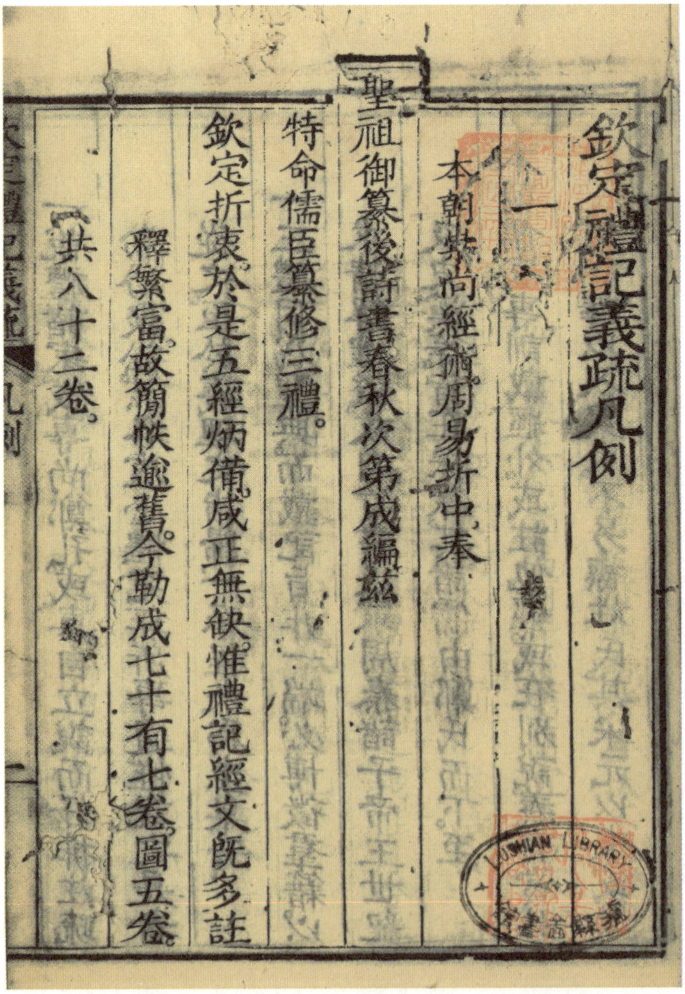

欽定禮記義疏凡例

本朝崇尚經術周易折中奉

聖祖御纂後詩書春秋次第成編茲

特命儒臣纂修三禮

欽定折衷於是五經炳備咸正無缺惟禮記經文旣多註

釋繁富故簡帙遂舊今勒成七十有七卷圖五卷

共八十二卷

欽定禮記義疏　凡例

3. 春秋谷梁注疏二十卷

（晋）范宁集解　（唐）杨士勋疏

清刻本

《春秋谷梁注疏》为《十三经注疏》中的一种，在吸取前人注疏成果基础上，对《春秋》三传之一的《谷梁传》做了详细的补注补疏，网罗面广，内容翔实，考订精细，是研究《春秋》与《谷梁传》的必读参考资料。《谷梁传》虽成书于汉代，但地位于影响却远在左氏、公羊二《传》之下，虽在宣帝时曾一度被立为学官，但注家廖寥，终未成显学。

范宁（339—401），字武子，南阳顺阳（今河南淅川）人，官至豫章太守，反对何晏、王弼等人的玄学，推崇儒学，为东晋著名的经学家。

杨士勋为唐初学者，里第生平不详，曾任四门博士等职。

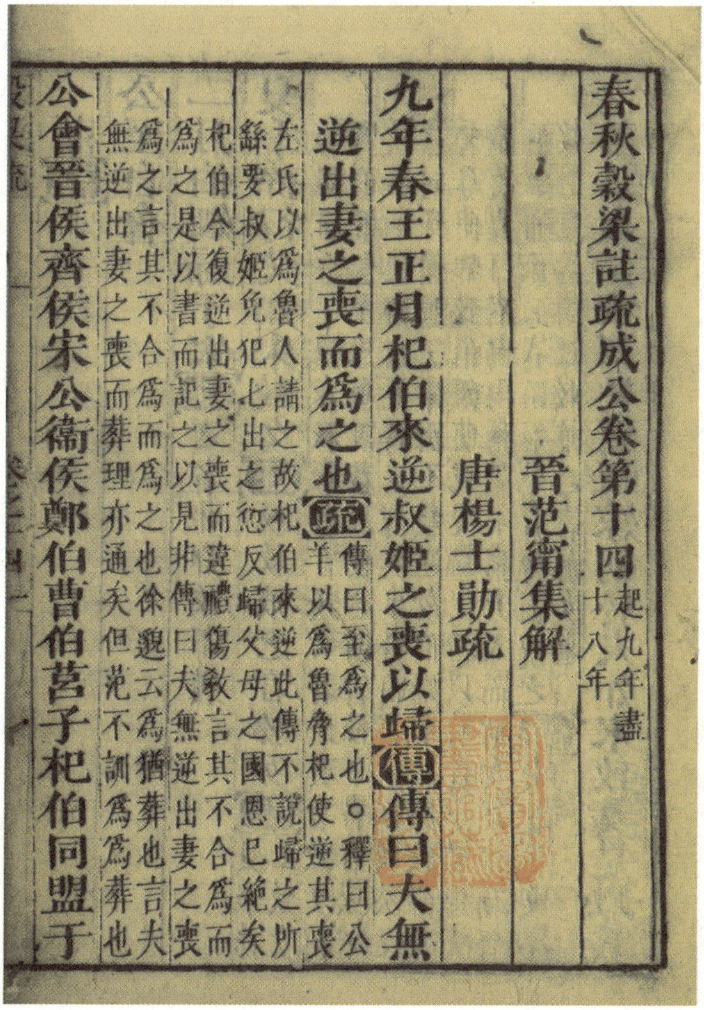
春秋穀梁註疏成公卷第十四 起九年盡十八年
晉范甯集解
唐楊士勛疏
九年春王正月杞伯來逆叔姬之喪以歸【傳】傳曰夫無逆出妻之喪而爲之也【疏】傳曰至爲之也。釋曰公羊以爲魯脅杞使逆其喪左氏以爲魯人請之故杞伯來逆此傳不說歸之所繇要叔姬免犯七出之愆反歸父母之國恩已絕矣杞伯今復逆出妻之喪而違禮傷教言其不合爲而爲之是以書而記之以見非傳曰夫無逆出妻之喪爲之言其不合爲而爲之也徐邈云爲猶葬也言夫無逆出妻之喪而葬理亦通矣但范不訓爲爲葬也
公會晉侯齊侯宋公衛侯鄭伯曹伯莒子杞伯同盟于

4. 四书补注备旨十二卷

（明）邓林著　（清）杜定基订

清光绪二十一年（1895）内江成记万轴楼藏刻本

《四书补注备旨》，明代邓林著，清杜定基增订，内江成记万轴楼校刊。为清光绪二十一年（1895）刻本，主要是对四书的补充注释，包括《大学》一卷，《中庸》一卷，《论语》四卷，《孟子》六卷。属资料性质，具有很高的研究收藏价值。

邓林，生卒年不详。初名彝，又名观善，明成祖时改今名，字士齐，号退庵，广东新会人，洪武二十九年（1396）举人，官至吏部验封司主事。明宣宗时以事谪杭州，学士大夫多从之游，倡和甚富，田汝成作《西湖志》多采之。大学士杨士奇、祭酒李时勉阅其诗文，曰“岭南一代文人也”。主要成就为预修《永乐大典》。

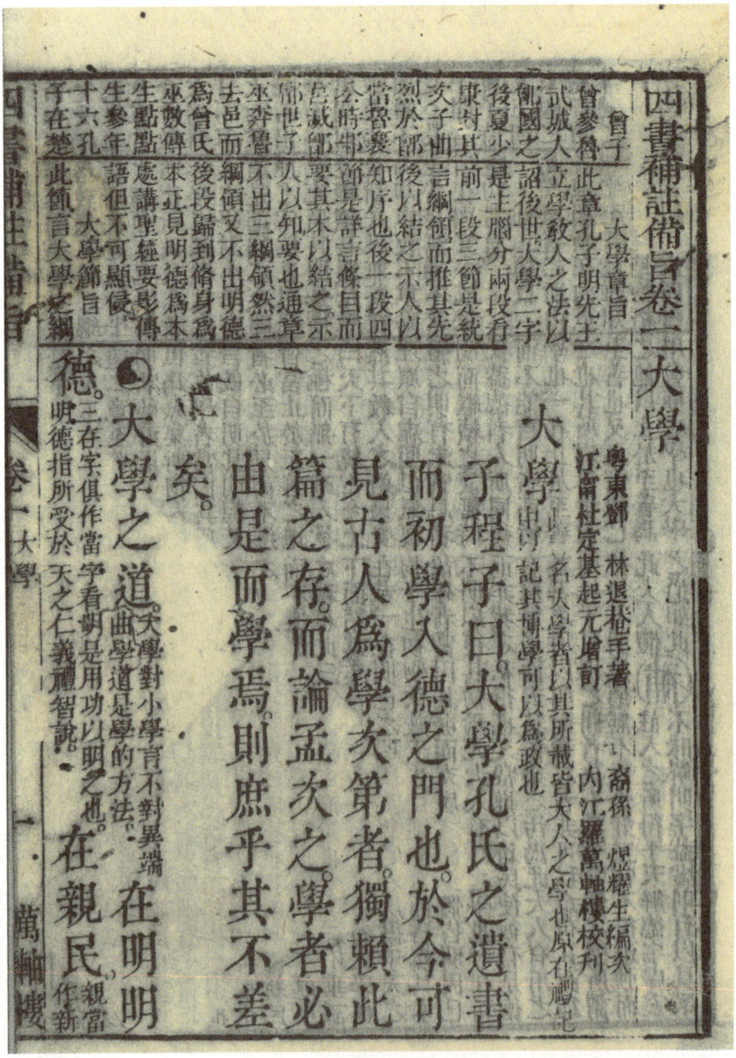
四書補註備旨卷一　大學

粵東鄧　林退菴手著　裔孫　煜楹生編次

江南杜定基起元增訂　内江羅萬軸樓校刊

曾子　曾參魯武城人衛國之後夏少康封其次子曲烈於鄫當晉襄公時鄫爲滅鄫鄫世子巫奔魯去邑而爲曾氏巫數傳生點點生參年十六孔子在楚

大學章旨　此章孔子明先王立學教人之法以詔後世大學二字是主腦分兩段看前一段三節是統言綱領而推其先後以結之示人以知序也後一段四節是詳言條目而要其末以結之示人以知要也通章不出三綱領然三綱領又不出明德後段歸到脩身爲本正見明德爲本處講聖經要影傳語但不可顯侵

大學節旨　此節言大學之綱

大學　名大學者以其所載皆大人之學也原在禮記中可記其博學可以爲政也

子程子曰。大學孔氏之遺書而初學入德之門也。於今可見古人爲學次第者。獨賴此篇之存。而論孟次之。學者必由是而學焉。則庶乎其不差矣。

●大學之道。大學對小學言不對異端　曲學道是學的方法　在明明德。三在字俱作當字看明是用功以明之也　明德指所受於天之仁義禮智說　在親民。親當作新

四書補註備旨　卷一　大學　一　萬軸樓

5.《十三经注疏》四百一十六卷

（魏）王弼注　（唐）陆德明音义　（唐）孔颖达疏

清同治十年（1871）广东书局重刊菊坡精舍武英殿刻本

注疏是注和疏的并称。注指对经书字句的注解，又称传、笺、解、章句等；疏指对注的注解，又称义疏、正义、疏义等。注、疏内容关乎经籍中文字正假、语词意义、音读正讹、语法修辞，以及名物、典制、史实等。《十三经注疏》指后人为了便于查阅，将十三经的注和疏加上唐陆德明《经典释文》的注音合刊成的一部书，这就是通行的《十三经注疏》。

王弼（226—249），字辅嗣，山阳高平（今山东省微山县）人。三国时期曹魏经学家、哲学家，魏晋玄学的代表人物及创始人之一。王弼人生短暂，学术成就卓著。他注《周易》一改汉人支离烦琐的传统方法，不用象数，而用《老子》，以老子思想解《易》，并阐发自己的哲学观点，在学术上开一代新风——“正始玄风”。

孔颖达（574—648），字冲远（一作仲达、冲澹），冀州衡水（今河北省衡水市）人。唐初经学家、秦王府十八学士之一，孔子第 31 世孙。孔颖达师从大儒刘焯，日诵千言，熟读经传，善于辞章，参与修订五礼，编纂《隋书》。贞观十四年（640），授国子祭酒、银青光禄大夫、上护军，受封曲阜县公。奉命编纂《五经正义》，融合了诸多经学家的见解，是集魏晋南北朝以来经学大成的著作。

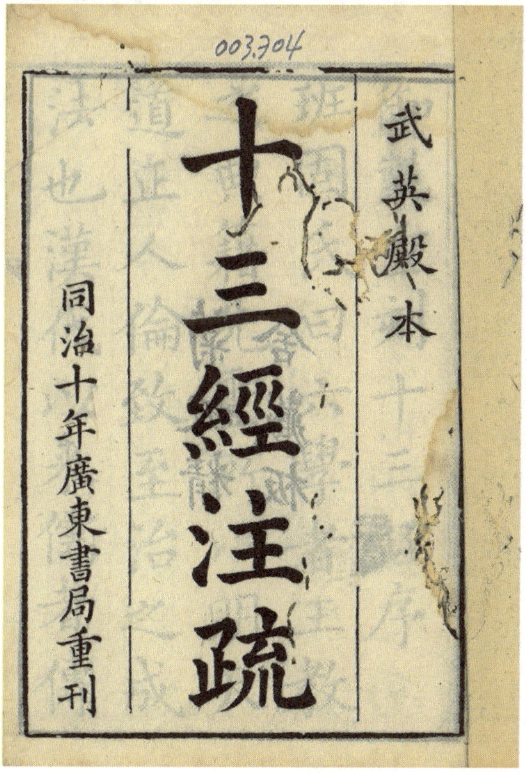

6. 十三经音略十三卷

（清）周春撰

清嘉庆七年（1802）刻本

《十三经音略》，周春撰，编写体例“以陆氏《释文》为权舆，参以《说文》《玉篇》《广韵》《五经文字》诸书。而审定古今异同，一以字母为主”（秦瀛《序》）；又掇拾诸家音义、训诂，详审博辨。因此，书名虽名“音略”，实则是继承《经典释文》《五经文字》《群经音辨》诸书而来的一部专门音注训诂经传的词典。全书内容很丰富，大致包括六个方面，对十三经的音读、文字、词义、异文等各个方面都进行了详尽的考辨，许多结论与见解都是相当正确的。所涉及的《说文》“读若”问题，其分析也颇恰切。本书无疑是一本十分有用的工具书。

周春（1729—1815），字芚兮，号松霭，晚号黍谷居士，又号内乐村叟，海宁盐官人。清乾隆十九年（1754）进士，在家候选10余年，潜研经史，学识渊博，有著作数十种，范围广泛，后授广西岑溪知县。

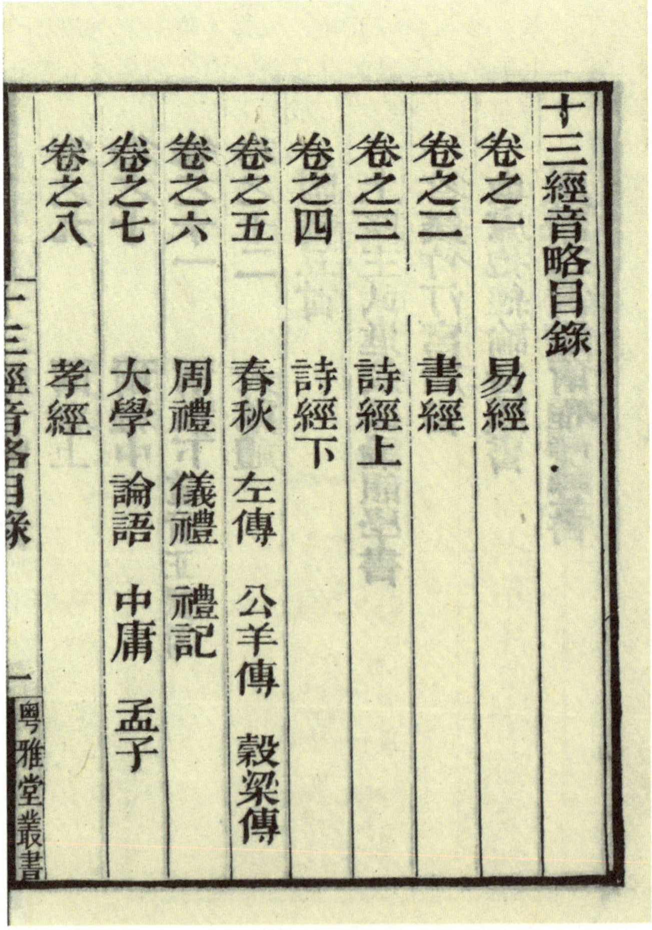
十三經音略目錄

卷之一 易經

卷之二 書經

卷之三 詩經上

卷之四 詩經下

卷之五 春秋左傳 公羊傳 穀梁傳

卷之六 周禮 儀禮 禮記

卷之七 大學 論語 中庸 孟子

卷之八 孝經

十三經音略目錄 一 粵雅堂叢書

7. 春秋家说三卷

（清）王夫之撰

清同治四年（1865）金陵湘乡曾国荃刻船山遗书刻本

《春秋家说》，王夫之撰，据《四库全书》载，《春秋家说》书前有《自序》，称大义受于其父，故以“家说”为名。王夫之自二十八岁起编写，先后用时二十二年，于康熙六年（1668）七月修成《春秋家说》三卷。据史论证，寓褒贬之意。王夫之以地理环境的不同来解释种族之间的差异，强调物质生活条件（地理环境）对民族及其特性形成的影响，突破了传统的春秋学，体现其鲜明的民族思想。

王夫之（1619—1692），字而农，号姜斋、又号夕堂，今湖南衡阳人。是明清之际的伟大爱国主义者、进步思想家。永历十一年（1657）以前，为抗清复明、民族节义而崎岖奔波，甚至改姓隐名，在山中东躲西藏，过着久无宁日的流亡生活。直至事不可为，遂专一闭门课徒著书，自署船山病叟、南岳遗民，学者遂称之为船山先生。王夫之与顾炎武、黄宗羲并称明清之际三大思想家。

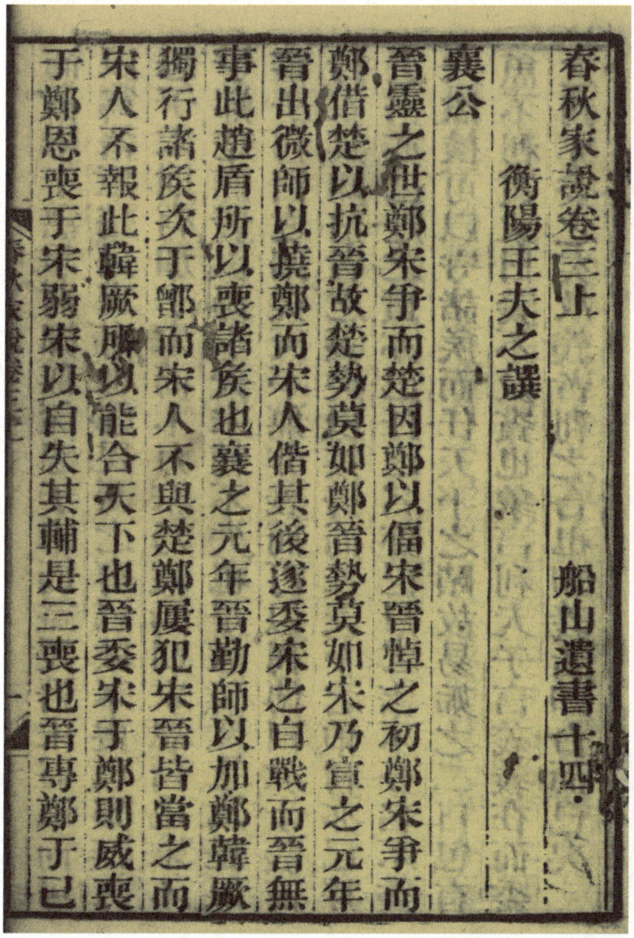
春秋家說卷三上　　船山遺書十四
衡陽王夫之譔
襄公
晉靈之世鄭宋爭而楚因鄭以偪宋晉悼之初鄭宋爭而
鄭借楚以抗晉故楚勢莫如鄭晉勢莫如宋乃宣之元年
晉出微師以攘鄭而宋人借其後遂委宋之自戰而晉無
事此趙盾所以喪諸侯也襄之元年晉勤師以加鄭韓厥
獨行諸侯次于鄫而宋人不與楚鄭屢犯宋晉皆當之而
宋人不報此韓厥所以能合天下也晉委宋于鄭則威喪
于鄭恩喪于宋弱宋以自失其輔是三喪也晉專鄭于已

8. 《乐书要录》残三卷

（唐）武则天敕撰

清光绪六年至九年（1880—1883）湖北崇文书局刻本

《乐书要录》为唐代重要的乐律学著作，共 10 卷，由唐武则天敕撰，元万倾、范履冰、苗神客、周思茂、胡楚宾合撰。约成书于久视元年（700），由日本留学生吉备真备于开元二十三年（735）归国时将全书携回日本，在中国内早佚，在日本辗转相传后，也亡失过半，现有日本存本 5—7 卷。主要内容是：第一，讲解隔八相生法即三分损益律；第二，讲解十二律吕命名的缘由；第三，讲解律吕旋宫法即近关系转调法：左旋、右旋，我国周、汉以来的乐律理论。至隋、唐之前大部分佚亡，乐人多不能通。本书集前代乐律理论于一炉，是唐代一部具有很高史料价值和学术价值的乐律文献，除少量内容因袭旧说外，多富实践意义，在中国古代音乐史上占有重要地位。该书对后来由日本人自己撰写的乐书，产生了相当大的影响。

9. 四书撮言

（宋）朱熹章句　（清）胡蓉芝手辑　（清）纪晓岚鉴定

清乾隆二十八年（1763）聚魁堂刻本

《四书撮言》，朱熹章句，《自序》曰："书以载言，言以载道，上接唐虞精一之旨，下开后学心法之传……"其宗旨分明，脉络连贯，俾繁不致滥，简不致略，名曰"注疏撮言"。

朱熹将《大学》《中庸》《论语》《孟子》合在一起进行注解，称其为四书。四书成为自南宋至清末八九百年来学校官定的教科书和科举考试的必读书目。

朱熹（1130—1200），字符晦，号晦庵，又称紫阳先生、考亭先生，其学传自北宋程颢，是宋代理学之集大成者。《宋元学案晦庵学案》评其"博极群书，自经史著述而外，凡夫诸子佛老、天文、地理之学，无不涉猎而讲究也"。朱熹是唯一非孔子亲传弟子而享祀孔庙者，位列大成殿十二哲者。朱熹著述甚多，后人辑有《朱子大全》《朱子集语象》等。其中《四书章句集注》成为钦定的教科书和科举考试的标准。

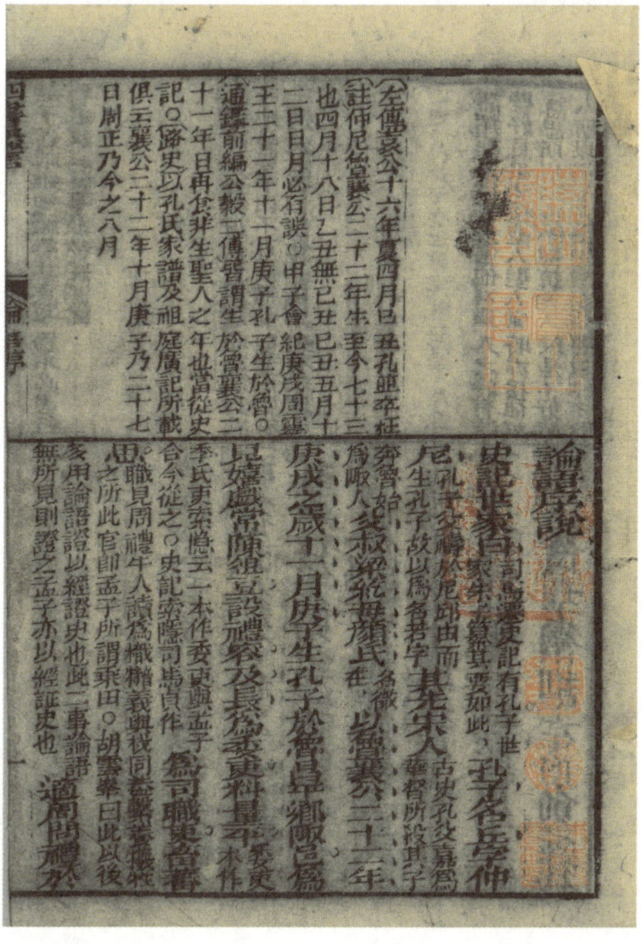

10. 大学衍义四十三卷

（宋）真德秀撰

明嘉靖六年（1527）司礼监刻本

《大学衍义》是南宋理学家真德秀的政治哲学著作，是元、明、清三代皇族学士必读之书 。全书以“帝王为治之序”“帝王为学之本”“格物致知之要”“诚意正心之要”“修身之要”“齐家之要”为纲目，目中又有细目，“每条之中，首之以圣贤典训、次之以古今之迹，诸儒之释经论史，有所发明者录之”。是对《大学》思想的发挥，故名“衍义”。此书以四书中的《大学》为本，推衍其义，故名。当时宋理宗荒于国政，奸佞用事。作者借《大学》之义，援引儒家典籍和史事，并附己说，讲修身、齐家、治国、平天下之道，以倡明君主为治之理。

真德秀（1178—1235），本姓慎，因避孝宗讳改姓真。始字实夫，后更字景元，又更为希元，号西山，南宋后期理学家、大臣，学者称其为“西山先生”。真德秀学宗朱熹，为继朱熹之后的理学正宗传人，与魏了翁齐名，创“西山真氏学派”，在确立理学正统地位的过程中发挥了重大作用。

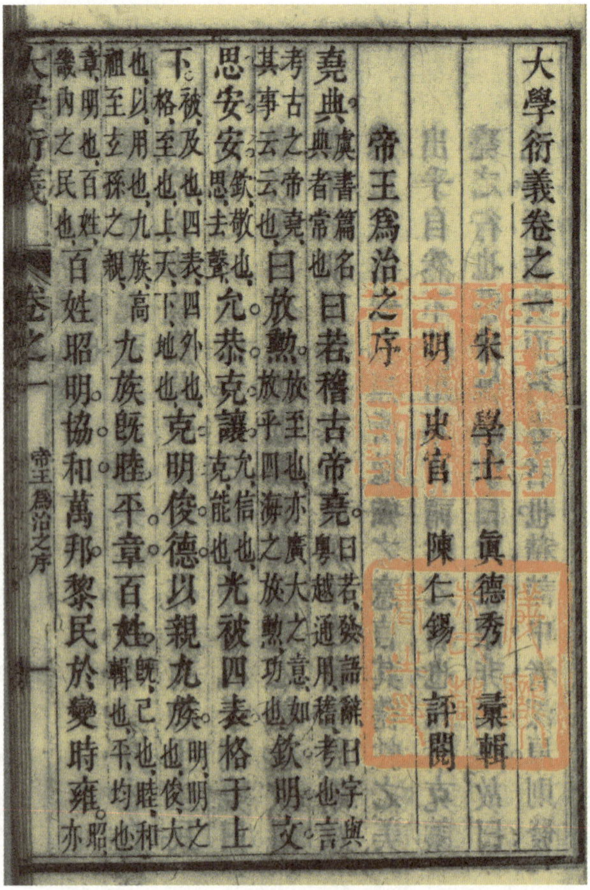
大學衍義卷之一
宋 學士 眞德秀 彙輯
明 史官 陳仁錫 評閱
帝王爲治之序
堯典。虞書篇名典者常也曰若稽古帝堯。曰若發語辭曰字與粤越通用稽考也言
考古之帝堯其事云云也曰放勳。放至也亦廣大之意如放乎四海之放勳功也欽明文
思安安。欽敬也思去聲允恭克讓。允信也克能也光被四表格于上
下。被及也四表四外也格至也上天下地也克明俊德以親九族。明明之也俊大
也以用也九族高祖至玄孫之親九族既睦平章百姓。既已也睦和輯也平均也
章明也百姓畿內之民也百姓昭明協和萬邦黎民於變時雍。亦昭
大學衍義 卷之一 帝王爲治之序 一

11. 尔雅注疏十一卷

（晋）郭璞注　（宋）邢昺疏

明崇祯毛氏汲古阁刻本

《尔雅注疏》是对《尔雅》加以注解的中国古代著作，《尔雅》是中国最早的一部解释词义的专著，也是第一部按照词义系统和事物分类来编纂的词典。《尔雅》的意思是接近、符合雅言，即以雅正之言解释古语词、方言词，使之近于规范。从汉唐到清代，为《尔雅》作注的人很多。现存的最早最完整的注本是晋代郭璞的《尔雅注》。《尔雅注疏》采用的是郭璞的《尔雅注》和北宋邢昺的《尔雅疏》。

郭璞（276—324），字景纯，两晋时期著名文学家、训诂学家、风水学者，建平太守郭瑗之子。郭璞把《尔雅》视为学习和研究动植物，了解大自然的入门书，他认为旧注“犹未详备，并多纷谬，有所漏略”，于是“缀集异闻，会粹旧说，考方国之语，采谣俗之志”，并参考樊光、孙炎等旧注，对《尔雅》做了新的注解。

邢昺（bǐng）（932—1010），字叔明，北宋学者、教育家，代表作《论语注疏》（何晏注）、《尔雅注疏》（郭璞注）和《孝经注疏》（李隆基注），均收入《十三经注疏》。

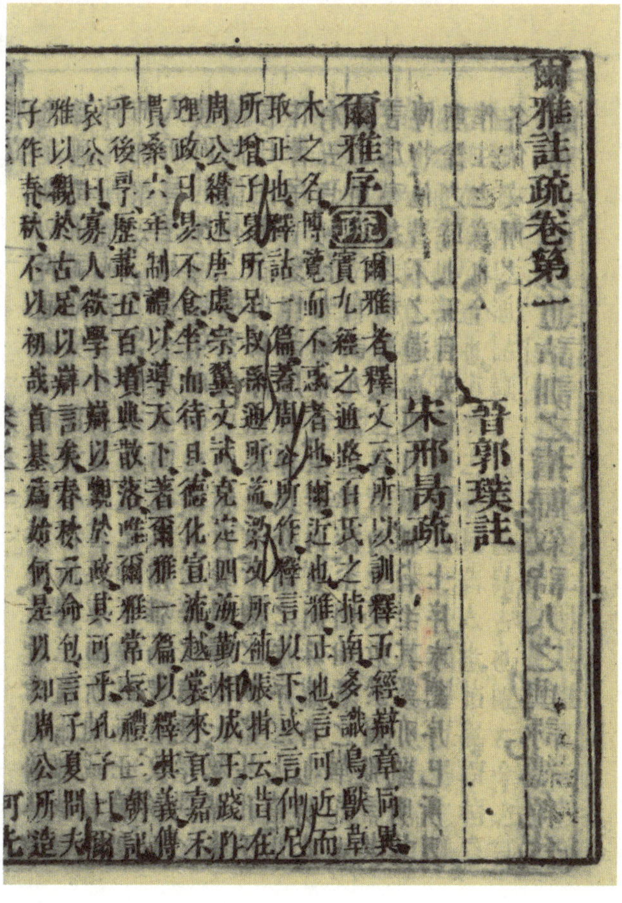

爾雅註疏卷第一

晉郭璞註

宋邢昺疏

爾雅序

12. 经言拾遗十四卷

（清）徐文靖撰

清乾隆二十年（1755）刻本

《经言拾遗》，徐文靖撰。徐文靖一生著述甚富，但大部分已在十九世纪因水灾和政治等原因散失无存，但《徐文山六种》仍然行世，其中第五部徐文靖及其兄徐必泰所著的《经言拾遗》不全载经文，每遇疑义则举经文以释之，同时对西汉以来的诸儒治《易》的师友渊源、门派学流进行了系统的阐发，大力阐发程朱的学术见解，而对汉唐以来各家学派也多有独见。

徐文靖（1667—），字位山，安徽当涂人，行年九十余岁，卒年不详。少时生活困苦，勤学不怠，雍正元年（1723）以 57 岁得中举人。主试官黄叔琳（昆圃）自谓得了 3 个人才，徐文靖为其中之一。

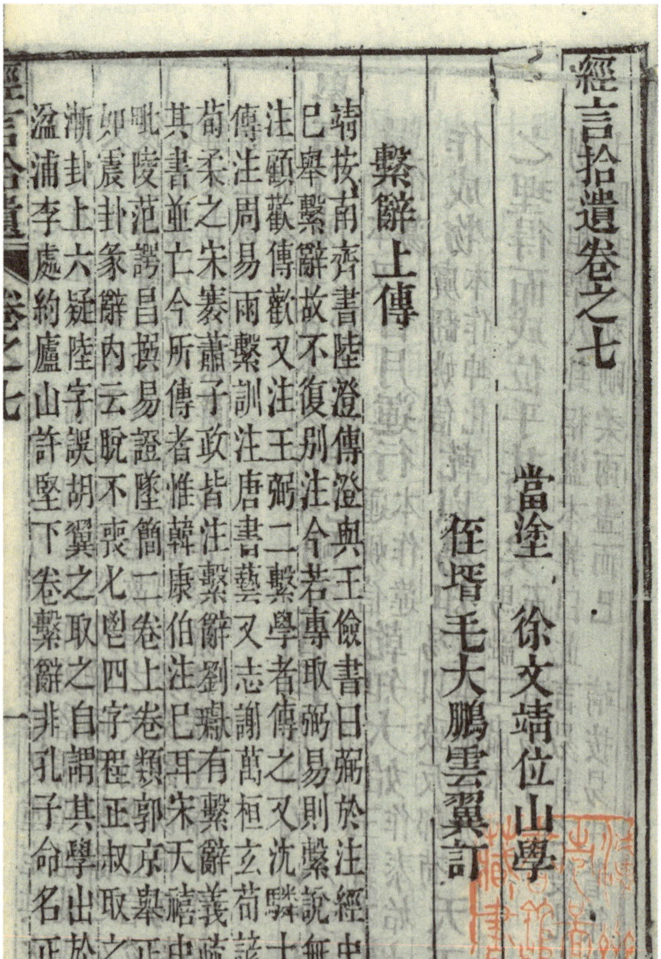

經言拾遺卷之七

當塗 徐文靖位山學

荏墖毛大鵬雲翼訂

繫辭上傳

靖按南齊書陸澄傳澄與王儉書曰弼於注經中已舉繫辭故不復別注今若專取弼易則繫說無注顧歡傳歡又注王弼二繫學者傳之又沈驎士傳注周易兩繫訓注唐書藝文志謝萬桓玄荀諺荀柔之宋褰蕭子政皆注繫辭劉瓛有繫辭義疏其書並亡今所傳者惟韓康伯注已耳宋天禧中毗陵范諤昌撰易證墜簡一卷上卷類郭京舉正卯震卦彖辭內云既不喪匕鬯四字程正叔取之漸卦上六疑陸字誤胡翼之取之自謂其學出於湓浦李處約廬山許堅下卷繫辭非孔子命名正

經言拾遺 卷之七 一

13. 易经精华六卷末一卷

（清）薛嘉颖撰

清光绪十六年（1890）宏道堂刻本

《易经精华》，清薛嘉颖撰，一至四卷逐条解释经文；卷五为系辞传；卷六为说卦、序卦、杂卦三传；卷末附筮仪及占法。本书版本偏重预测大命运和卦意的解释，天头是作者的批语，行间是历朝易经名家的解释。卷末是对巫仪的解释。是《易经》卦象卦意研究的集成之作，非常适合研究《易经》的人士使用。《易经》是中华文明的精髓，群经之首，世界智慧宝典。

薛嘉颖，清嘉庆年间福建福州人。

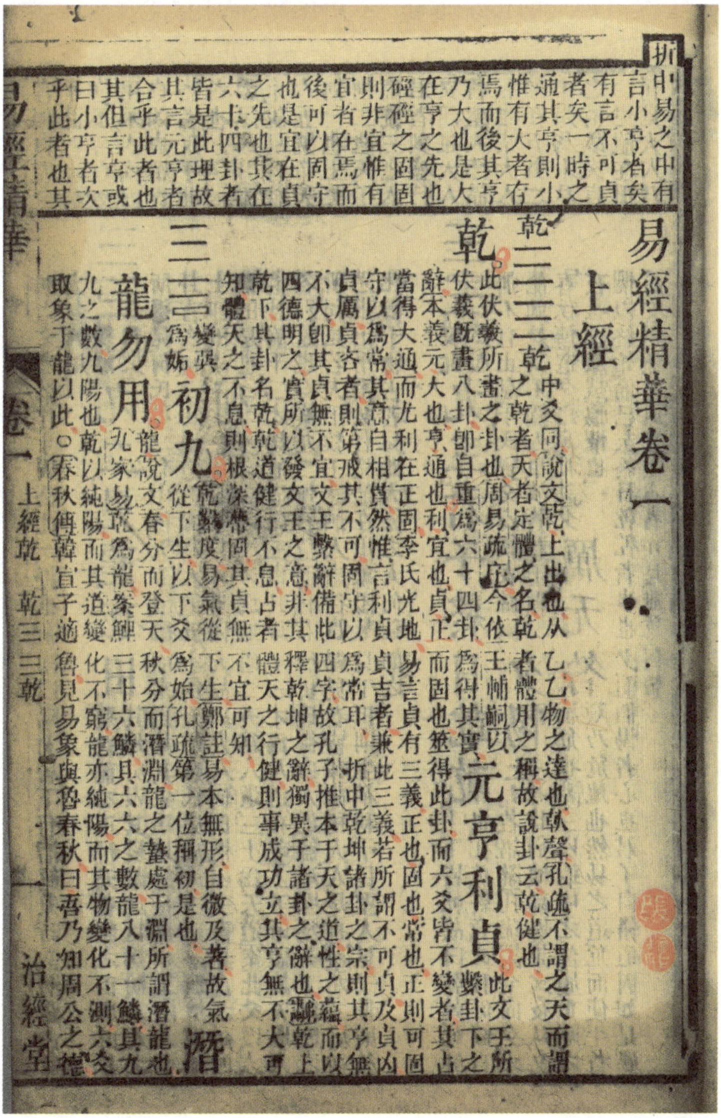

折中　易之中有言小亨者矣有言不可貞者矣一時之通其亨則小惟有大者存焉而後其亨乃大也是大在亨之先也礎礎之固固則非宜惟有宜者在焉而後可以固守也是宜在貞之先也其在六十四卦者皆是此理故其言元亨者合乎此者也其但言亨或曰小亨者次乎此者也其

易經精華卷一

上經

乾 ☰☰ 乾上乾下　中爻同　說文乾上出也从乙乙物之達也倝聲孔疏不謂之天而謂之乾者天者定體之名乾者體用之稱故說卦云乾健也

乾　此伏羲所畫之卦也周易疏〇今依王輔嗣以伏羲既畫八卦即自重為六十四卦為得其實

元亨利貞　此文王所繫卦下之辭本義元大也亨通也利宜也貞正而固也筮得此卦而六爻皆不變者其占當得大通而必利在正固李氏光地易言貞有三義正也固也常也正則可固守以為常其意自相貫然惟言利貞貞吉者兼此三義若所謂不可貞及貞厲貞吝者則第取其不可固守以為常耳　折中乾坤諸卦之宗則其亨無不大即其貞無不宜文王繫辭備此四字故孔子推本于天之道性之蘊而以四德明之實所以發文王之意非其釋乾坤之辭獨異于諸卦之辭也乾上乾下其卦名乾乾道健行不息占者體天之行健則事成功立其亨無不大可知體天之不息則根深蒂固其貞無不宜可知

☰ 初九　變巽為姤　乾鑿度易氣從下生鄭註易本無形自微及著故氣從下生以下爻為始孔疏第一位稱初是也

潛龍勿用　龍說文春分而登天秋分而潛淵龍之蟄處于淵所謂潛龍也　九家易乾為龍案鱗三十六鱗具六六之數龍八十一鱗具九九之數九陽也乾以純陽而其道變化不窮龍亦純陽而其物變化不測六爻取象于龍以此〇春秋傳韓宣子適魯見易象與魯春秋曰吾乃知周公之德

易經精華　卷一　上經乾　乾三三乾　一　治經堂

14. 周易二卷

（清）王弼注

清光绪十年（1884）柚香阁刻本

《周易》即《易经》，王弼注。《周易》相传为周文王姬昌所作，是群经之首，设教之书，是一部中国古哲学书籍，被誉为“大道之源”。内容包括《经》和《传》两个部分。《经》主要是六十四卦和三百八十四爻，卦和爻各有说明（卦辞、爻辞），作为占卜之用。《传》包含解释卦辞和爻辞的七种文辞共十篇，统称《十翼》，相传为孔子所撰。

王弼（226—249），字辅嗣，山阳高平（今山东省微山县）人。三国时期曹魏经学家、哲学家，魏晋玄学的代表人物及创始人之一。王弼人生短暂，学术成就卓著。他注《周易》一改汉人支离烦琐的传统方法，不用象数，而用《老子》，以老子思想解《易》，并阐发自己的哲学观点，在学术上开一代新风——“正始玄风”。

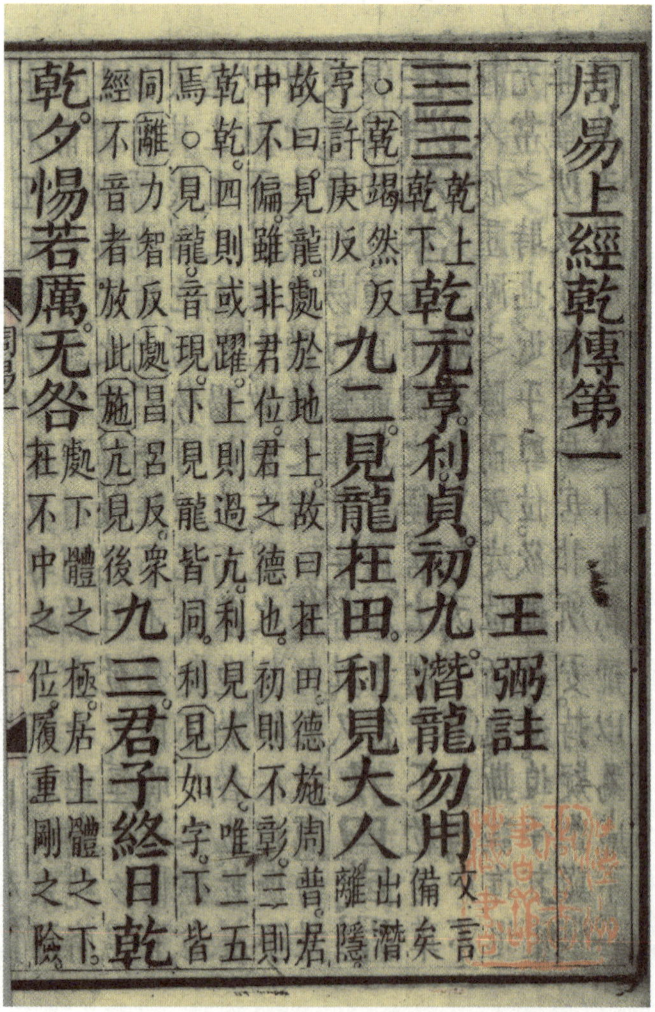

周易上經乾傳第一

王弼註

☰☰乾上乾下乾元亨利貞初九潛龍勿用文言備矣○乾竭然反亨許庚反九二見龍在田利見大人出潛離隱故曰見龍處於地上故曰在田德施周普居中不偏雖非君位君之德也初則不彰三則乾乾四則或躍上則過亢利見大人唯二五焉○見龍音現下見龍皆同利見如字下皆同離力智反處昌呂反衆經不音者放此施亢見後九三君子終日乾乾夕惕若厲无咎處下體之極居上體之下在不中之位履重剛之險

15. 周易爻物当名二卷

（明）黎遂球撰

清道光三十年（1850）南海伍氏粤雅堂文字欢娱室刻本

《周易爻物当名》，黎遂球撰。说《易》每以史系之，以爻配事，以事例爻。《四库提要》记其书惟载三百八十四爻，以互变推求其象，然互体、变卦虽古法，而遂球所推则自出新意。往往支离蔓衍，附会成文，不必尽当名辨物之本旨也。

黎遂球（1602—1646），字美周，广州府番禺县板桥乡（今广州市番禺区南村镇板桥村）人。明末抗清官员，爱国诗人。黎遂球工画山水，传世作品有崇祯十四年（1641）作《送区启图北上山水图》册页，现藏广州美术馆。工诗文，著有《莲须阁诗文集》《周易爻物当名》二卷。

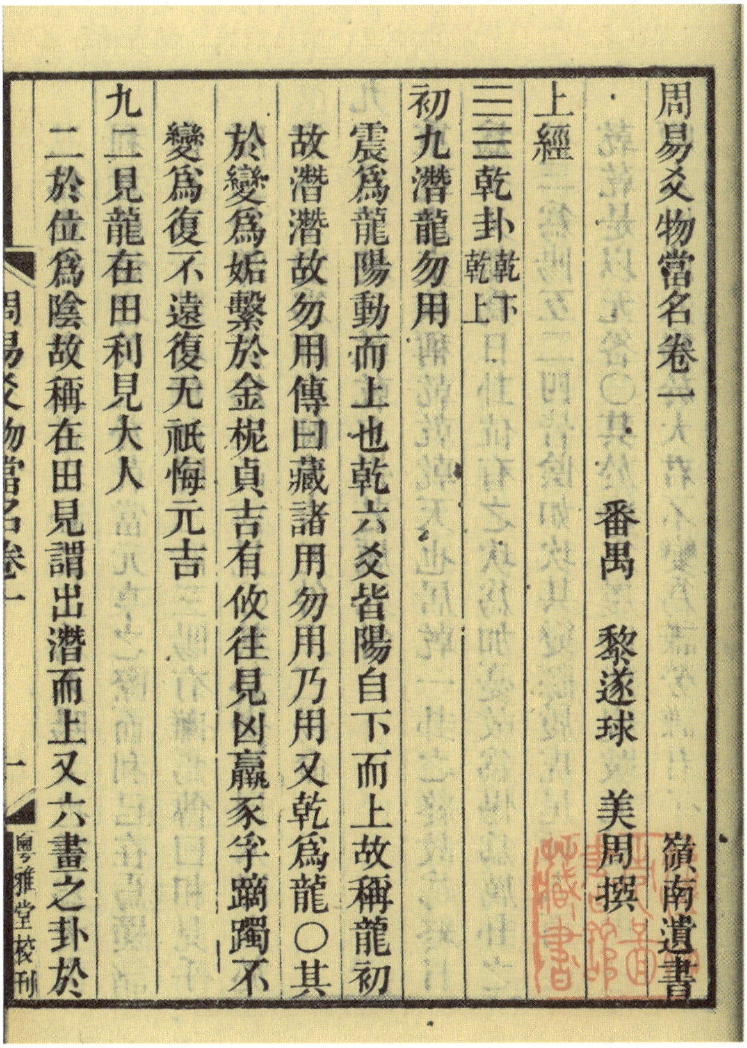
周易爻物當名卷一　　嶺南遺書
番禺　黎遂球　美周撰
上經
䷀乾卦 乾下乾上
初九潛龍勿用
震爲龍陽動而上也乾六爻皆陽自下而上故稱龍初
故潛潛故勿用傳曰藏諸用勿用乃用又乾爲龍〇其
於變爲姤繫於金柅貞吉有攸往見凶羸豕孚蹢躅不
變爲復不遠復无祇悔元吉
九二見龍在田利見大人
二於位爲陰故稱在田見謂出潛而上又六畫之卦於
周易爻物當名卷一　一　粵雅堂校刊

16. 周易外传七卷

（清）王夫之撰

清同治四年（1865）金陵湘乡曾国荃刻本

《周易外传》是王夫之在中国社会剧烈动荡的年代，关注国家命运，分析民族前途，从事政治斗争，筹划社会改革方案的整个世界观和方法论的总结性著作。此书宗旨在阐明“静存动察，修己治人，拨乱反正之道”。前四卷论卦，五、六两卷论《系辞》，末卷论《说卦》《序卦》《杂卦》。本书的主要贡献是对易象作了唯物主义的解释，是王夫之的重要易学著作，称得上 17 世纪中国哲学精华。

王夫之（1619—1692），字而农，号姜斋、又号夕堂，今湖南衡阳人。是明清之际的伟大爱国主义者、进步思想家。永历十一年（1657）以前，为抗清复明、民族节义而崎岖奔波，甚至改姓隐名，在山中东躲西藏，过着久无宁日的流亡生活。直至事不可为，遂专一闭门课徒著书，自署船山病叟、南岳遗民，学者遂称之为船山先生。王夫之与顾炎武、黄宗羲并称明清之际三大思想家。

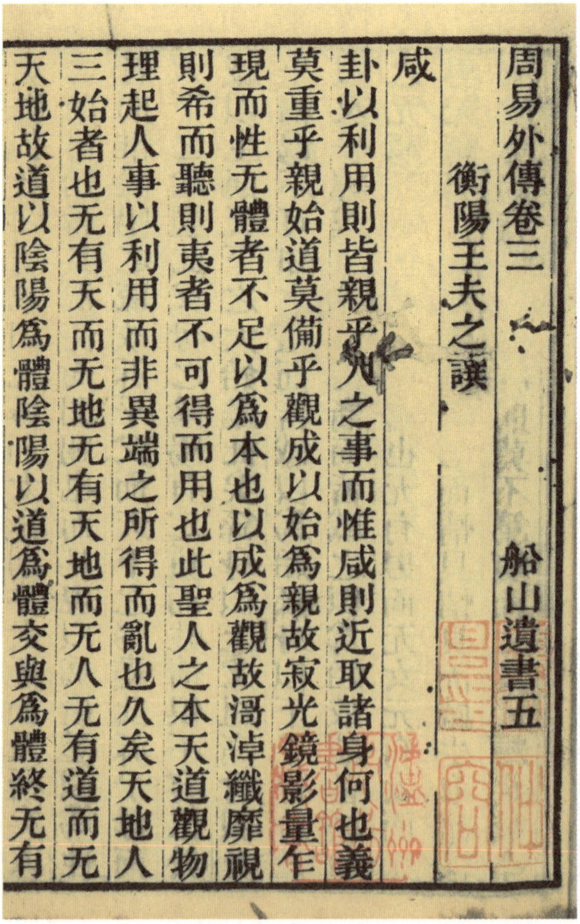
周易外傳卷三　船山遺書五
衡陽王夫之譔
咸
卦以利用則皆親乎人之事而惟咸則近取諸身何也義莫重乎親始道莫備乎觀成以始爲親故寂光鏡影量乍現而性无體者不足以爲本也以成爲觀故濶淖纖靡視則希而聽則夷者不可得而用也此聖人之本天道觀物理起人事以利用而非異端之所得而亂也久矣天地人三始者也无有天而无地无有天地而无人无有道而无天地故道以陰陽爲體陰陽以道爲體交與爲體終无有

17. 古文周易参同契注

（清）袁仁林撰

清光绪二十二年（1896）惜阴轩丛书刻本

《古文周易参同契注》，袁仁林撰。自序云："民受天地之中以生，得其中而生之，道在矣。隐逸者流，有事尊生，多致力于形气之渊源，而窥其幽渺，于是原本生初，形模天地，推所自来，而灼所由毁，举精、气、神三要，一之躯体之正中，有似中天下而立，定四海之民，于以积功致养，自强不息，讵得为理外事哉……"据《四库提要》介绍，是编以《参同契》旧注，往往各自为说，反增障碍。因为随文解义，凡书中借喻之语，悉以身所自具者指明之。书成于雍正壬子。其曰古文者，盖据杨慎所称石函本云。

袁仁林（生卒不详），字振千。清代学者。西安府三原县（治今三原县）人。著有《虚字说》《古文周易参同契注》，享年九十余。

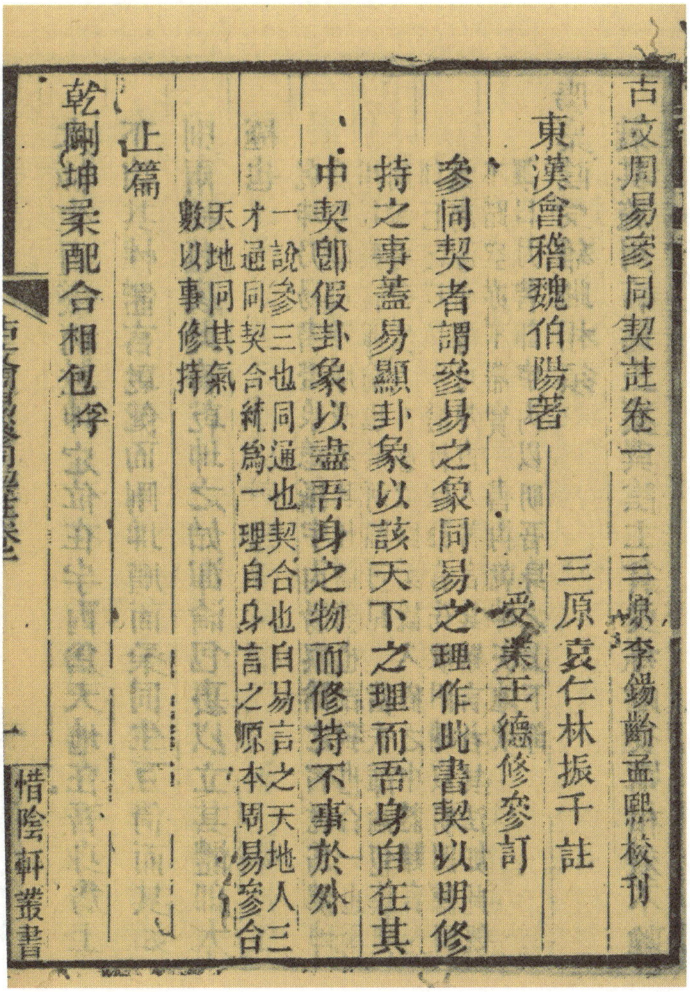
古文周易參同契註卷一　三原李錫齡孟熙校刊
東漢會稽魏伯陽著　三原袁仁林振千註
受業王德修參訂
參同契者謂參易之象同易之理作此書契以明修持之事蓋易顯卦象以該天下之理而吾身自在其中契卽假卦象以盡吾身之物而修持不事於外一說參三也同通也契合也自易言之天地人三才通同契合統爲一理自身言之原本周易參合天地同其氣數以事修持
上篇
乾剛坤柔配合相包兮
惜陰軒叢書

18. 易纬二卷

（汉）郑康成撰

清刻本

《易纬》是汉代流行的纬书之一。纬书乃与经书相对而言，《易纬》对宇宙发生多有所解释，提出了太易、太极、太始、太素等哲学概念，认为“有形始于弗形，有法始于弗法”。通过卦气的征验，阐述天象与人事的相应关系，特别是自然现象同万物成长、政治兴衰、人体疾病等的关系。

郑玄（127—200），字康成，北海高密（今山东高密）人。东汉末经学家、训诂学家、教育家。随经学家马融学古文经，博通经史。受党锢之祸，隐居著述，以古文经为主，兼采今文经，遍注群经，成为汉代经学集大成者，后世称其学为“郑学”。他是中国古代文献、儒家经典最重要和贡献最大的研究者之一。

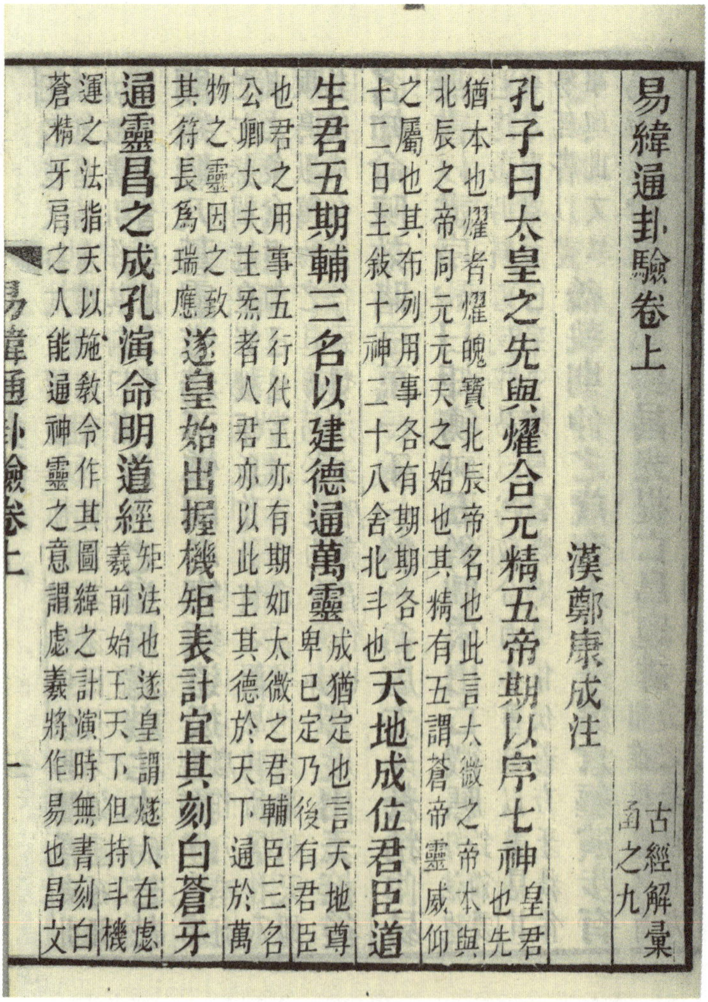
易緯通卦驗卷上　古經解彙函之九

漢鄭康成注

孔子曰太皇之先與燿合元精五帝期以序七神皇君也先猶本也燿者燿魄寶北辰帝名也此言太微之帝本與北辰之帝同元元天之始也其精有五謂蒼帝靈威仰之屬也其布列用事各有期期各七十二日主敘十神二十八舍北斗也天地成位君臣道生君五期輔三名以建德通萬靈成猶定也言天地尊卑已定乃後有君臣也君之用事五行代王亦有期如太微之君輔臣三名公卿大夫主焉者人君亦以此主其德於天下通於萬物之靈因之致其符長為瑞應遂皇始出握機矩表計宜其刻白蒼牙通靈昌之成孔演命明道經矩法也遂皇謂燧人在虛羲前始王天下但持斗機運之法指天以施教令作其圖緯之計演時無書刻白蒼精牙肩之人能通神靈之意謂虛羲將作易也昌文

易緯通卦驗卷上　一

19. 钦定书经传说汇纂二十一卷首二卷末一卷

（清）王顼龄等撰

清同治七年（1868）刻本

《钦定书经传说汇纂》是清雍正八年（1730）刊本，总编王顼龄。由康熙帝钦定而作，凡二十一卷，加上卷首的上、下卷和卷末的书序，共计二十四卷。其中第一至三卷为虞书，第四至六卷为夏书，第七至九卷为商书，第十至二十一卷为周书。该书是一部宣扬为君为臣之道的汇编。

王顼龄（1642—1725），字颛士，一字容士，号瑁湖，晚号松乔老人，清江南华亭县（今上海市金山区）张堰镇人，御史王广心长子。康熙朝曾任经筵讲官太子太傅，武英殿大学士兼工部尚书，赠少傅。

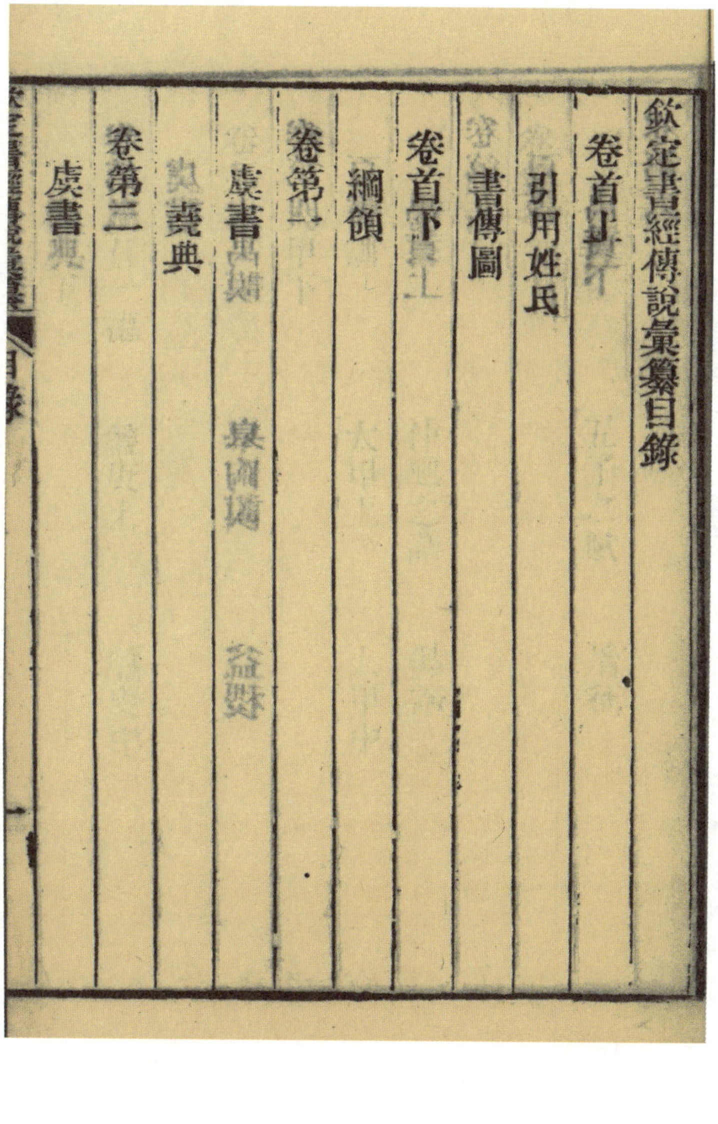

欽定書經傳說彙纂目錄
卷首上
引用姓氏
書傳圖
卷首下
綱領
卷第一
虞書
堯典
卷第二
虞書

20. 皇极经世易知八卷首一卷

（清）何梦瑶缉释

清光绪十三年（1887）扫叶山房校刊滚雪楼本刻本

《皇极经世易知》书为何梦瑶 69 岁任越华书院山长时的讲义，共编写了 2 年，内容实以明代广东学者黄粤洲《皇极经世书》注为蓝本，参考四明余氏《外篇释义》而成。其中大部分内容皆引用黄粤洲对《皇极经世》的注解，也引用了余本、王植、邵伯温、司马光、朱熹、蔡元定以及清代名医喻昌等人的注解，也有一些何氏自己的观点和补正，并在卷首加入“伏羲始画八卦图”“经世衍易八卦图”等 22 幅图。该书写成后未刊行，黄粤洲后人黄培芳组织黄良臣等整理校正后于道光十三年（1833）刊行。

何梦瑶（1693—1764），字报之，号西池，广东南海人，清代广东名医。

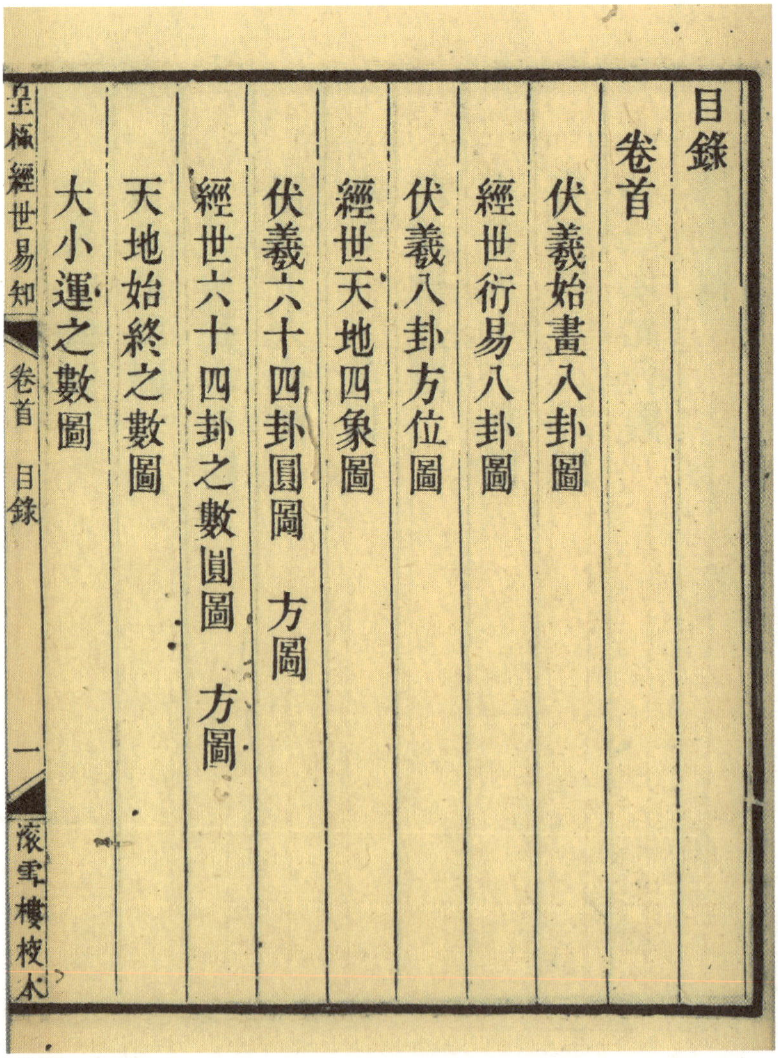
目錄
卷首
伏羲始畫八卦圖
經世衍易八卦圖
伏羲八卦方位圖
經世天地四象圖
伏羲六十四卦圓圖　方圖
經世六十四卦之數圓圖　方圖
天地始終之數圖
大小運之數圖
皇極經世易知　卷首　目錄　一　滚雪樓校本

21. 读礼通考一百二十卷

（清）徐乾学撰

清刻本

《读礼通考》是清徐乾学撰写的经典注释。该书纂集中国历代丧葬制度并加以说明，分丧期、丧服、丧仪节、葬考、丧具、丧制、庙制等类。他本想再修吉、军、宾、嘉四礼，方事排纂而卒；后出秦蕙田《五礼通考》即因其体例而成，为研究中国古代丧礼较完备之书。

徐乾学（1631—1694），字原一，号健庵，江南昆山（今属江苏）人。顾炎武外甥。康熙间进士。

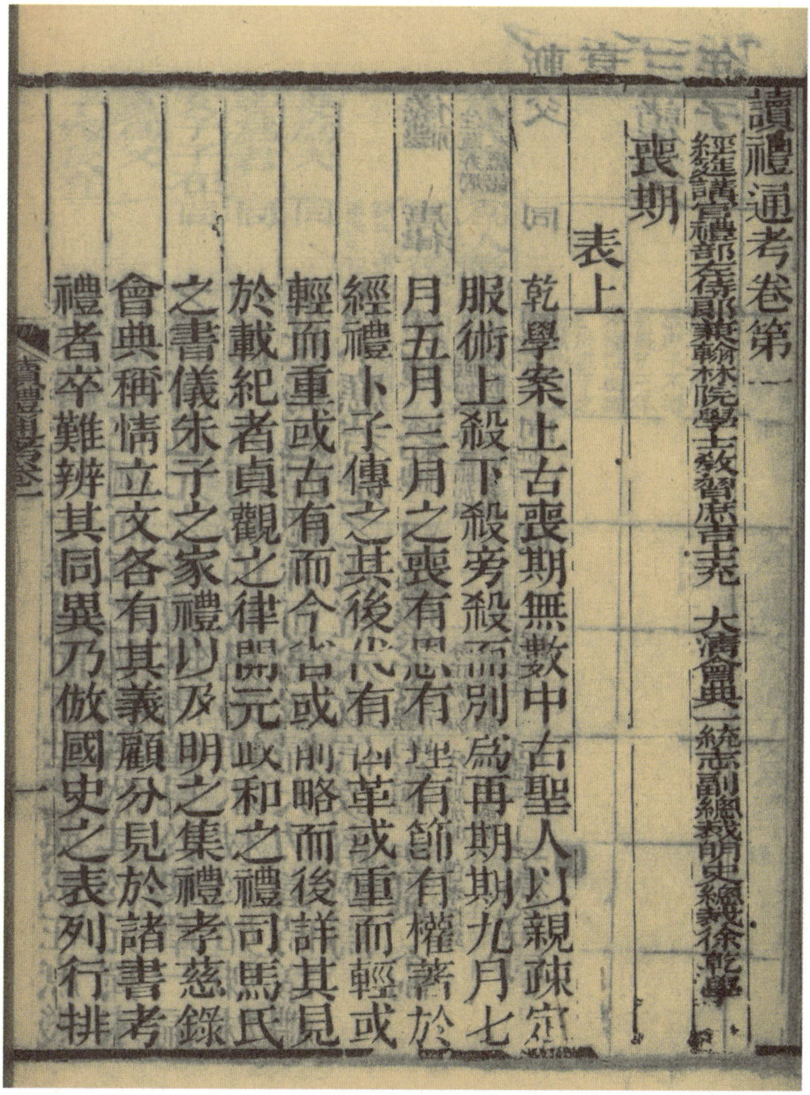

讀禮通考卷第一

經筵講官禮部右侍郎兼翰林院學士教習庶吉士 大清會典一統志副總裁明史總裁徐乾學

喪期

表上

乾學案上古喪期無數中古聖人以親疏定服術上殺下殺旁殺而別爲再期期九月七月五月三月之喪有恩有理有節有權著於經禮卜子傳之其後代有沿革或重而輕或輕而重或古有而今去或前略而後詳其見於載紀者貞觀之律開元政和之禮司馬氏之書儀朱子之家禮以及明之集禮孝慈錄會典稱情立文各有其義顧分見於諸書考禮者卒難辨其同異乃倣國史之表列行排

讀禮通考卷一

22. 律吕臆说一卷

（清）徐养原撰

清光绪元年（1875）刻本

《律吕臆说》集古、今、雅、俗并重。主要探讨雅乐衰亡和俗乐亦可为雅、俗乐传承不息的历史现象，以论证“变俗入雅”的音乐审美观。虽然力倡琴“雅”，但已经开始重视“情”“俗”，这是清代文化平民化的大势在琴学领域的回响。

徐养原（1758—1825），字新田，号饴庵。德清（今浙江德清）人。清代经学家。嘉庆年间副贡，治经通三礼，循郑玄注而多有发明。

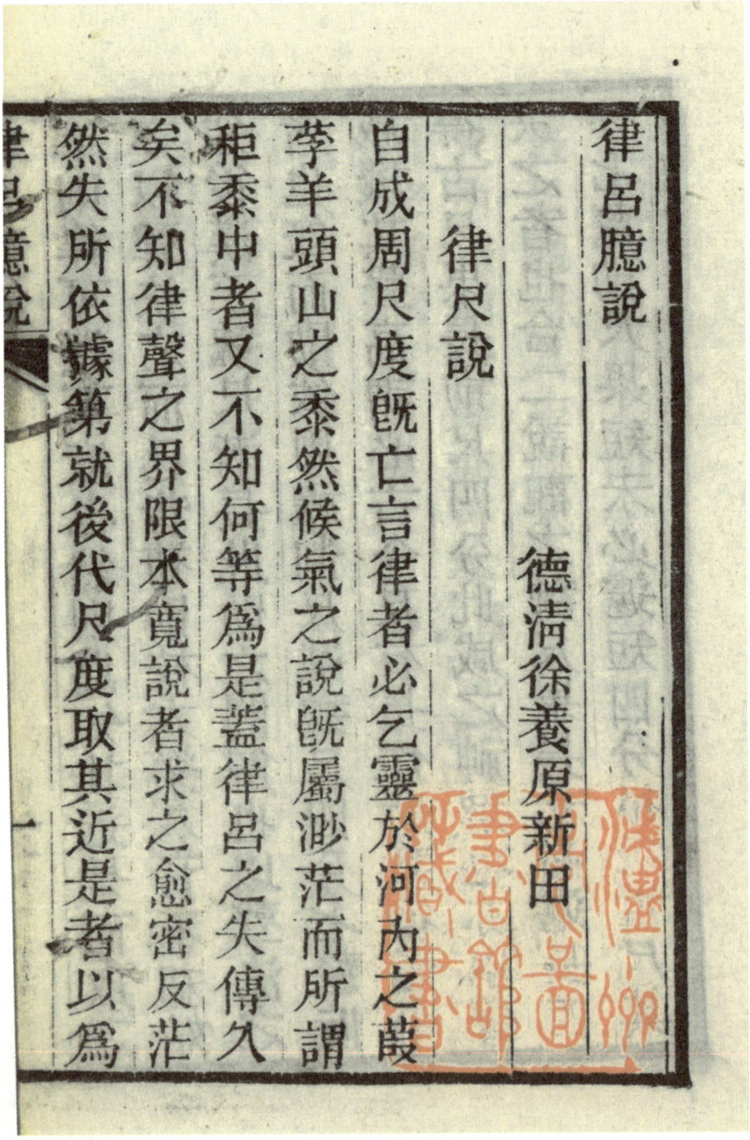
律呂臆說
德清徐養原新田
律尺說
自成周尺度既亡言律者必乞靈於河內之葭
莩羊頭山之黍然候氣之說既屬渺茫而所謂
秬黍中者又不知何等爲是蓋律呂之失傳久
矣不知律聲之界限本寬說者求之愈密反茫
然失所依據築就後代尺度取其近是者以爲
律呂臆說 一

23. 周易兼义九卷

（魏）王弼注　（唐）孔颖达疏

明崇祯四年（1631）汲古阁刻本

《周易兼义》最早由魏王弼所注，至唐代孔颖达撰《周易义赞》，对《周易》经注进行疏解，后奉诏改称《周易正义》刊行。至宋代，《周易正义》始题《周易兼义》之名，直至清代阮元刻《十三经注疏》之时，仍题曰“兼义”。本书为明代汲古阁刊印《十三经注疏》中的一种。汲古阁，明代私人藏书楼和印书工场。明末毛晋（1599—1659）创办。汲古阁分上中下三楹，中藏四库书及释道两藏，皆南北宋内府藏书，又有金元本。这些书都用来校勘或作为刻书的样本。汲古阁刻印的书籍有十三经、十七史及唐宋元人别集、道藏词曲等。书版在毛晋时即有 10 万块之多，所刻书籍校勘详明，雕印精良，称毛刻本。

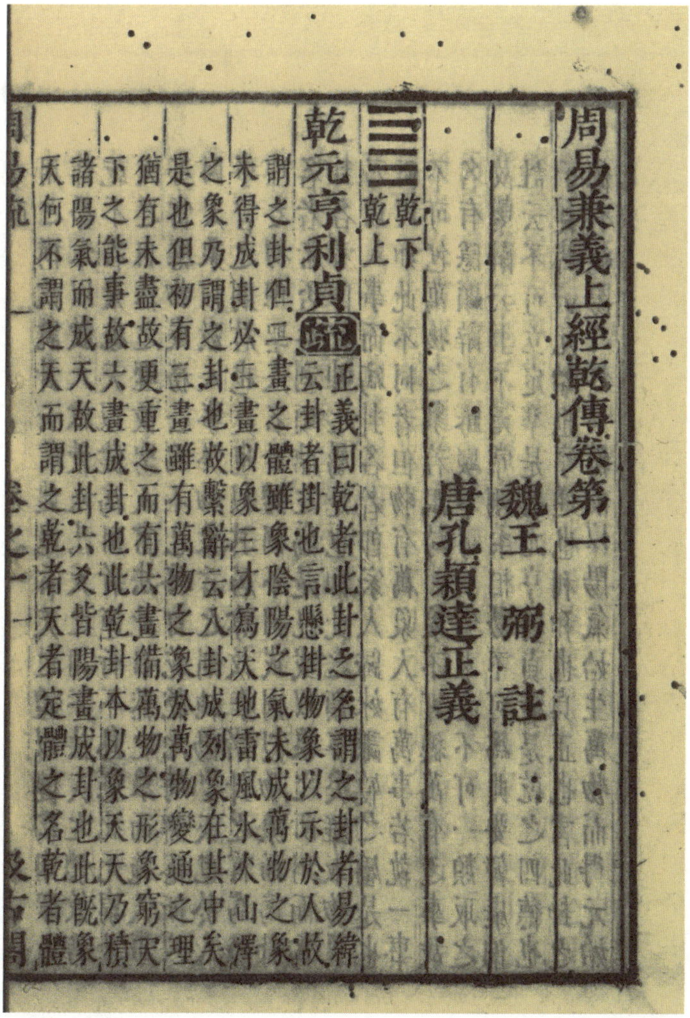
周易兼義上經乾傳卷第一
魏王弼註
唐孔穎達正義
䷀ 乾下乾上
乾元亨利貞 疏 正義曰乾者此卦之名謂之卦者易緯
云卦者掛也言懸掛物象以示於人故
謂之卦但二畫之體雖象陰陽之氣未成萬物之象
未得成卦必三畫以象三才爲天地雷風水火山澤
之象乃謂之卦也故繫辭云八卦成列象在其中矣
是也但初有三畫雖有萬物之象於萬物變通之理
猶有未盡故更重之而有六畫備萬物之形象窮天
下之能事故六畫成卦也此乾卦本以象天天乃積
諸陽氣而成天故此卦六爻皆陽畫成卦也此既象
天何不謂之天而謂之乾者天者定體之名乾者體

24. 仪礼集说十七卷

（元）敖继公集说

明汲古阁刻本

敖继公，福州长乐人，曾中进士，但廷试对策忤逆国相而受到排挤，外加宋末国事积重难返，遂不出仕，半生游学，后以授徒教学为生。晚年致力于《仪礼》的研究，著《仪礼集说》十七卷，其旨在辨明《仪礼》经、传、记的区别，阐发郑玄《仪礼注》的疏失。《集说》征引多人的笺释成果，断以己意。敖氏按照《仪礼》各卷的主旨分段规章，每一章均拟简短标题，以起到提纲挈领的作用。敖继公不迷信郑注，敢于质疑经文及郑玄注的讹误疏失，明代以后，其学术影响逐渐扩大，但到了清代中后期，钱大昕、王鸣盛、曹元弼等人都对其有较为激烈的批评，其间差别，只是治学风气和取向不同而已。

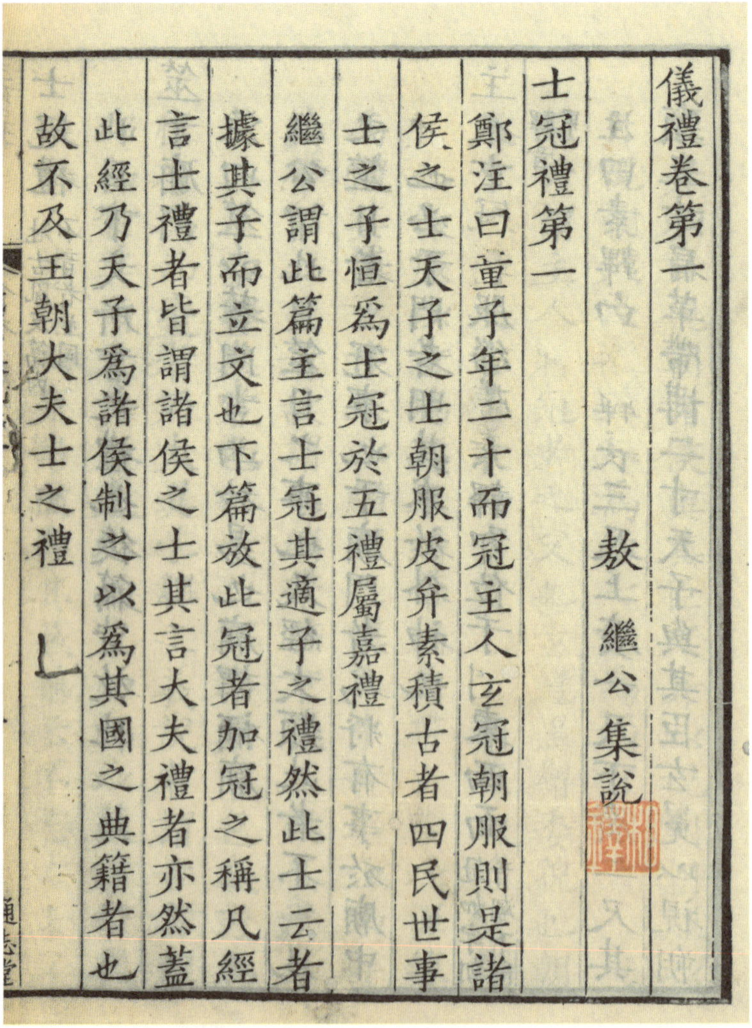
儀禮卷第一　敖繼公集說

士冠禮第一

鄭注曰童子年二十而冠主人玄冠朝服則是諸侯之士天子之士朝服皮弁素積古者四民世事士之子恒爲士冠於五禮屬嘉禮

繼公謂此篇主言士冠其適子之禮然此士云者據其子而立文也下篇放此冠者加冠之稱凡經言士禮者皆謂諸侯之士其言大夫禮者亦然蓋此經乃天子爲諸侯制之以爲其國之典籍者也故不及王朝大夫士之禮

25. 康熙字典十二集补遗一卷备考一卷韵一卷检字一卷辨似一卷

（清）张廷玉　（清）陈廷敬等撰

清道光七年（1827）刻本

《康熙字典》是由清张廷玉担任总纂官，陈廷敬等三十多位著名学者编撰的一部具有深远影响的汉字辞书。成书于康熙五十五年（1716），因此书名为《康熙字典》。该书采用部首分类法，按笔画排列单字，共立 214 个部首，收字 47 035 个，所有收录字均注明音节和不同的意义。由于在释义时举出古籍中的例证并附词语解释，从而使其兼具了词典的功能。该书是中国第一部官修字典，也是唯一一部以皇帝年号命名的字典。在我国辞书发展史上占有重要地位，是研究古代汉语不可缺少的工具。

张廷玉（1672—1755），字衡臣，号研斋，安徽桐城人，清朝大学士张英次子，保和殿大学士、军机大臣。他曾先后编撰《康熙字典》《雍正实录》等。

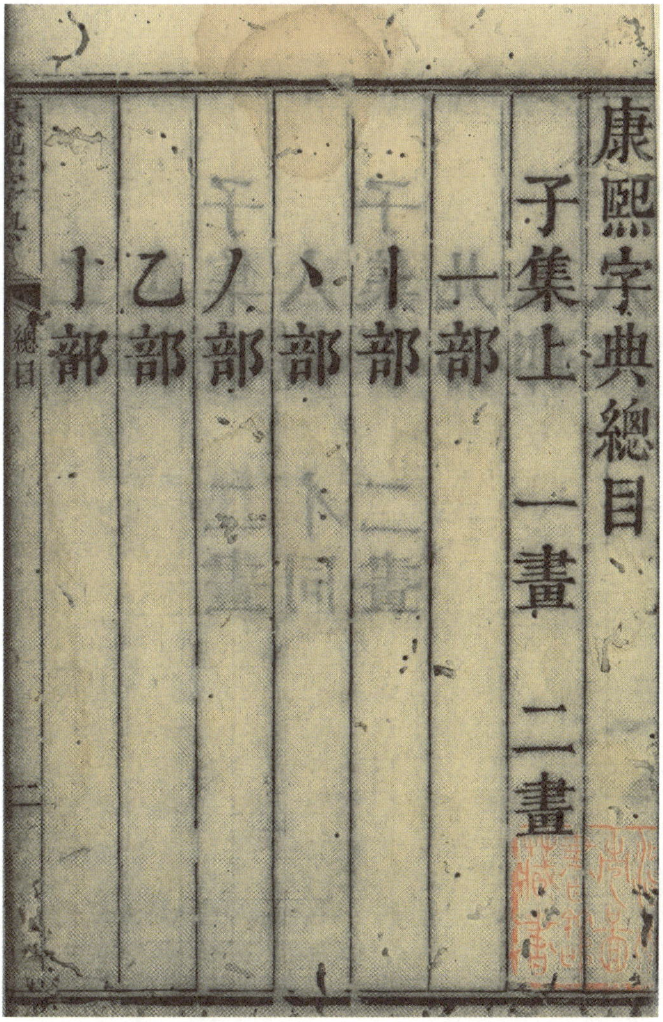
康熙字典總目

子集上　一畫　二畫

一部

丨部

丶部

丿部

乙部

亅部

26. 说文解字十五卷

（汉）许慎记

清同治十年（1871）汲古阁刻本

《说文解字》是中国第一部系统分析汉字字源字形的字书，也是第一部近部首编排的字典，在中国流传甚广，是研究古字的必备工具书。全书一共收录 9 553 个字，分 540 个部首，把部首相同的字排列在一起，每字下先释含义，再析字形，最后辨字音。该书注解内容丰富，涉及当时社会的各个方面，为后人保留了大量先秦、汉的资料，尤其对字义的解释，保留了众多上古字源，书中对于秦汉时期各地方言的介绍也使其成为研究中国古方言的重要考证资源。

许慎（约 58—约 147），字叔重，东汉汝南召陵人（今河南郾城）。汉代著名经学家、语言学家、文字学家，以《说文解字》奠定了中国文字学研究开拓者的地位。

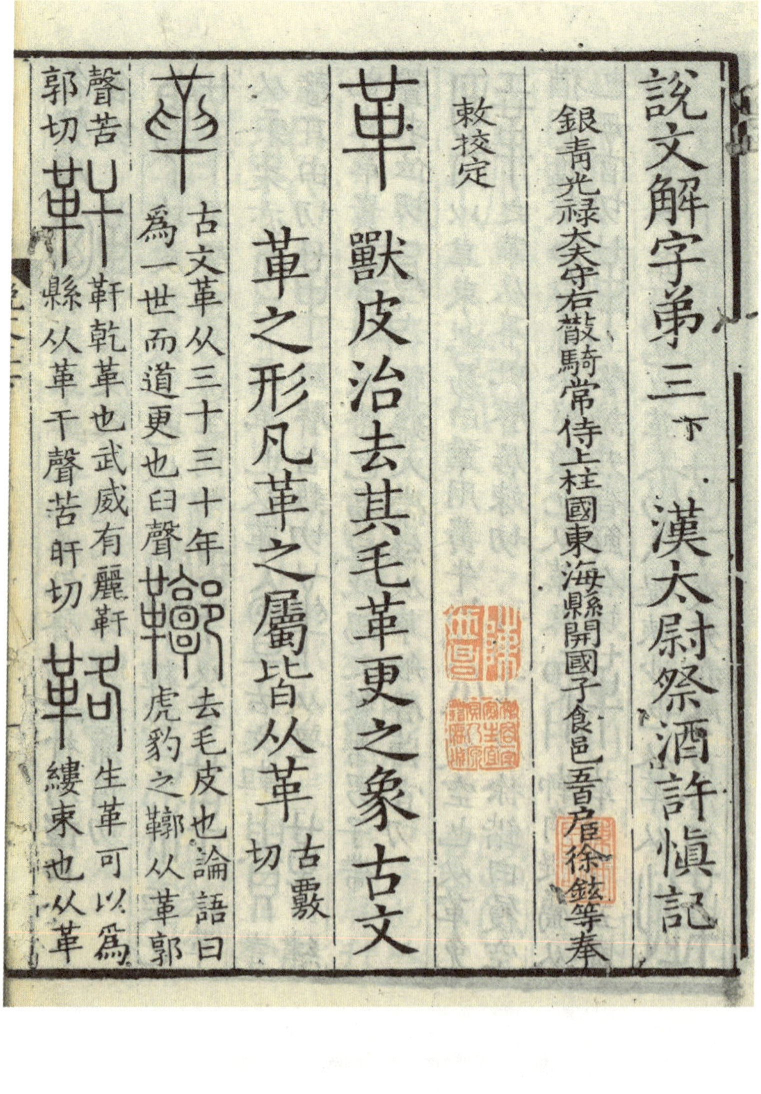
說文解字弟三下　漢太尉祭酒許愼記
銀青光祿大夫守右散騎常侍上柱國東海縣開國子食邑五百戶徐鉉等奉
敕校定
革　獸皮治去其毛革更之象古文革之形凡革之屬皆从革　古覈切
革　古文革从三十三十年爲一世而道更也臼聲
鞹　去毛皮也論語曰虎豹之鞹从革郭聲苦郭切
靬　靬乾革也武威有麗靬縣从革干聲苦旰切
[illegible]　生革可以爲縷束也从革

27. 四书集注四种

（宋）朱熹集注

清光绪二十四年（1898）刻本

《四书集注》全称《四书章句集注》，南宋绍熙元年（1190）始，朱熹对《大学》《中庸》《论语》《孟子》集注合编，前后历时约四十年，史称“四书”。朱熹的集注，一改历代空洞繁复的注解，以简明风格灌注理学理念，受到时人追捧，渐列于“五经”之前，并成为元明清官府指定儒学经典和科举考试主要内容。故该书也成为自宋以来读者最多的儒家经典著作。

朱熹（1130—1200），字符晦，号晦庵，又称紫阳先生、考亭先生，其学传自北宋程颢，是宋代理学之集大成者。《宋元学案晦庵学案》评其“博极群书，自经史著述而外，凡夫诸子佛老、天文、地理之学，无不涉猎而讲究也”。

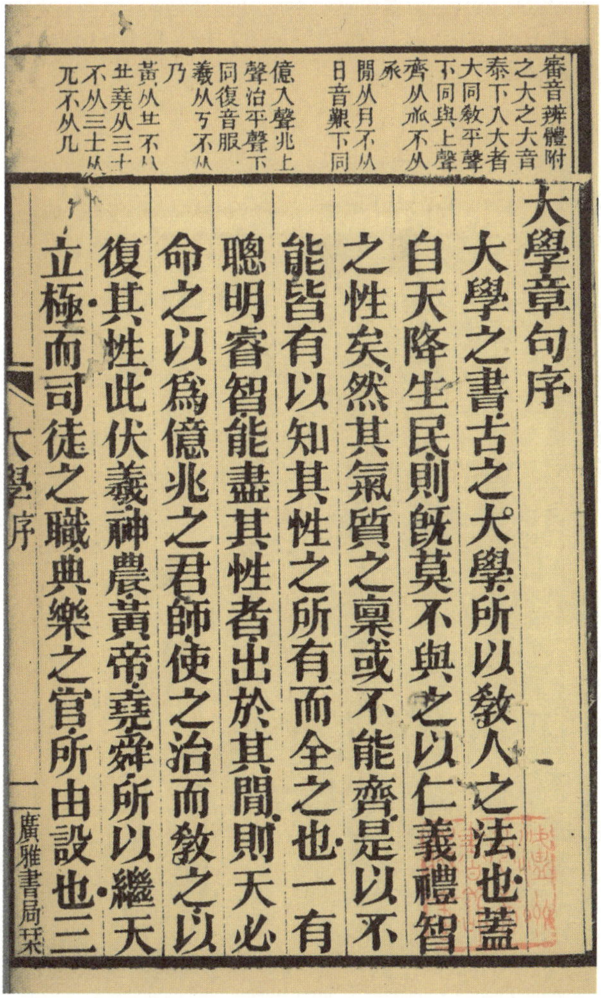
審音辨體附
之大之大音
泰下入大者
大同教平聲
下同與上聲
齊从亦不从
乑
閒从月不从
日音閑下同
億入聲兆上
聲治平聲下
同復音服
羲从丂不从
乃
黃从廿不从
廿堯从三十
不从三士从
兀不从几

大學章句序

大學之書古之大學所以教人之法也蓋自天降生民則既莫不與之以仁義禮智之性矣然其氣質之稟或不能齊是以不能皆有以知其性之所有而全之也一有聰明睿智能盡其性者出於其閒則天必命之以爲億兆之君師使之治而教之以復其性此伏羲神農黃帝堯舜所以繼天立極而司徒之職典樂之官所由設也三

大學序 一 廣雅書局栞

28. 春秋左传五十卷

（晋）杜预注　（宋）林尧叟注释　（唐）陆德明音义　（明）钟惺　（明）孙矿等评点

清刻本

《春秋左传》又名《左传》。相传为春秋末年的左丘明为解释孔子的《春秋》而作，实际上成书时间当在战国或两汉之间。作品记事起于鲁隐公元年（前 722），止于鲁悼公十四年（前 454），比《春秋》记事时间延长了许多。《左传》是儒家经典之一，与《公羊传》《谷梁传》合称“《春秋》三传”。《左传》从丰富的历史材料去诠释《春秋》。唐刘知几《史通》评论《左传》时说：“其言简而要，其事详而博。”为研究春秋史和远古史提供了珍贵的史料。

杜预（222—284），字符凯，京兆杜陵（今陕西西安）人。西晋著名的学者、政治家、军事家。著有《春秋左氏经传集解》《春秋释例》等。历代注释《春秋左传》的书颇多，杜预将《春秋》与《左传》合为一编，唐孔颖达在此基础上增修，宋林尧叟发扬光大，使之成为影响后世深远的著作。

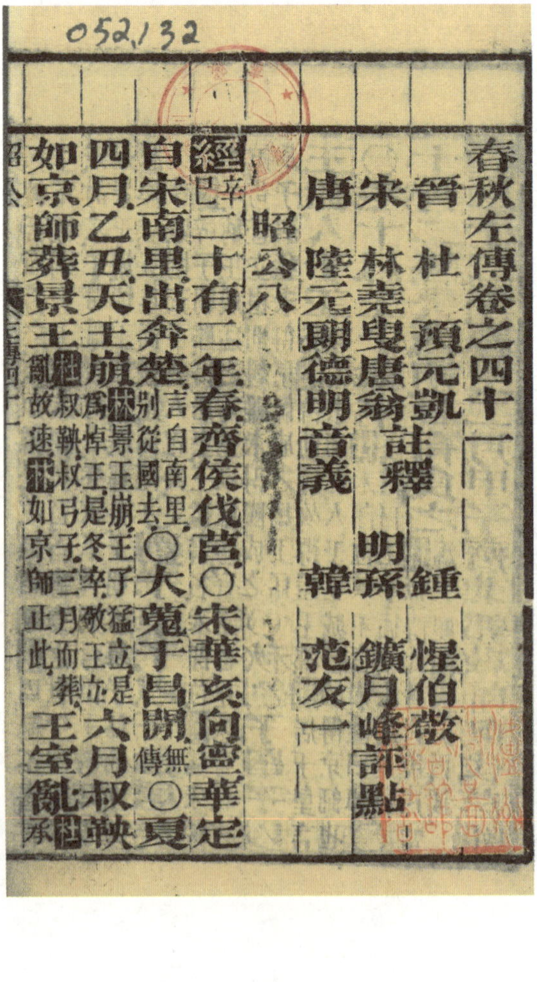
052132

春秋左傳卷之四十一

晉　杜　預元凱註　　鍾　惺伯敬

宋　林堯叟唐翁註釋　　明　孫　鑛月峰評點

唐　陸元朗德明音義　　韓　范友一

昭公八

經 辛巳 二十有二年春齊侯伐莒○宋華亥向甯華定自宋南里出奔楚 言自南里別從國去 ○大蒐于昌閒 無傳 ○夏四月乙丑天王崩 林 景王崩王子猛立是爲悼王是冬卒敬王立 六月叔鞅如京師葬景王 杜 叔鞅叔弓子三月而葬速 王室亂故速 林 如京師正此 王室亂 承

29. 周礼六卷

（唐）贾公彦撰
清光绪刻本

《周礼》原名《周官》，记载周代礼制的集大成者，儒家经典文献之一。内容涉及先秦时期社会政治、经济、文化、风俗、礼法等，是了解先秦政治制度和早期儒家思想的重要文献。与《仪礼》《礼记》合称“三礼”。

贾公彦（生卒年不详，活动期公元 7 世纪中叶），唐朝儒家学者，经学家，“三礼”学学者。铭州永年（今河北永年县）人，官至太学博士。撰《周礼义疏》50 卷、《仪礼义疏》40 卷，均收入《十三经注疏》。

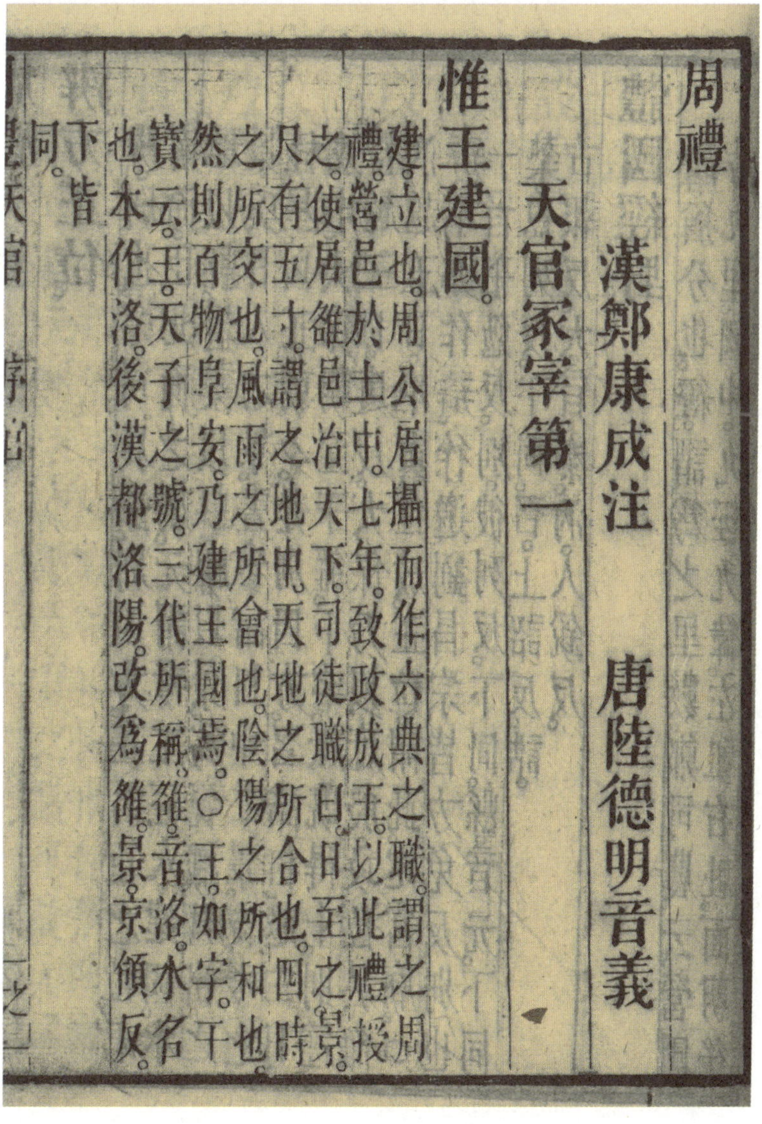
周禮
漢鄭康成注　唐陸德明音義
天官冢宰第一
惟王建國。
建立也。周公居攝而作六典之職。謂之周禮。營邑於土中。七年。致政成王。以此禮授之。使居雒邑治天下。司徒職曰。日至之景尺有五寸。謂之地中。天地之所合也。四時之所交也。風雨之所會也。陰陽之所和也。然則百物阜安。乃建王國焉。○王。如字。干寶云。王。天子之號。三代所稱。雒音洛。水名也。本作洛。後漢都洛陽。改爲雒。景。京領反。下皆同。

30. 御纂周易折中二十二卷

（清）李光地等撰

清康熙五十四年（1715）刻本

《御纂周易折中》，清李光地撰，康熙帝御纂。成书于康熙五十四年（1715），历时两年。兼容并蓄汉、晋、齐、隋、唐、宋、金、元、明二百一十八家名家说之大成，并以“集说”“按语”“总论”等形式“折中”众家之说，提出新的见解。问世以来，即成为学习《周易》的必备文献和重要工具书。

李光地（1642—1718），字晋卿，号厚庵，别号榕村，福建泉州人，清朝康熙年间理学名臣。曾协助平定三藩之乱、统一台湾。李光地生平著作丰富，尤其在易学方面，除《御纂周易折中》外，其个人著述还有《周易通论》《周易观象》《象数拾遗》《周易观象大旨》等。“以易学致用、以性理说易”是李光地易学的重要特色。

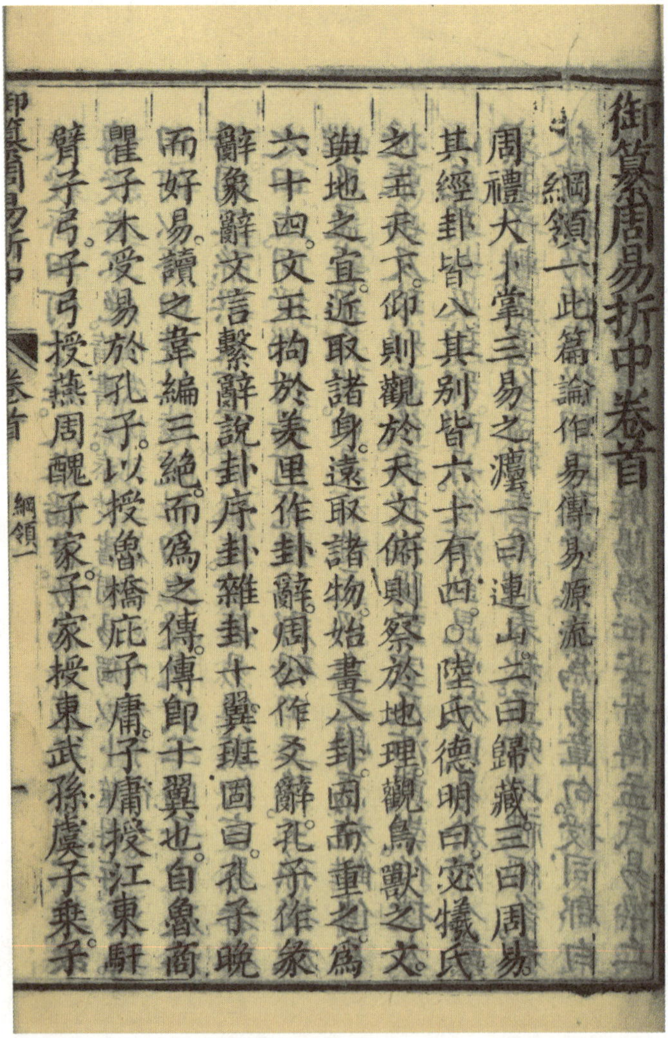
御纂周易折中卷首
綱領一 此篇論作易傳易源流
周禮大卜掌三易之灋一曰連山二曰歸藏三曰周易
其經卦皆八其別皆六十有四○陸氏德明曰宓犧氏
之王天下仰則觀於天文俯則察於地理觀鳥獸之文
與地之宜近取諸身遠取諸物始畫八卦因而重之爲
六十四文王拘於羑里作卦辭周公作爻辭孔子作彖
辭象辭文言繫辭說卦序卦雜卦十翼班固曰孔子晚
而好易讀之韋編三絶而爲之傳傳卽十翼也自魯商
瞿子木受易於孔子以授魯橋庇子庸子庸授江東馯
臂子弓子弓授燕周醜子家子家授東武孫虞子乘子

御纂周易折中 卷首 綱領一 一

31. 诗韵集成十卷

（清）余照辑

清光绪十五年（1889）刻本

《诗韵集成》全书分为十卷，是余照《诗韵珠玑》的姐妹篇。《诗韵集成》主要集中收录了旧诗韵书的写作资料。其特色在于收录韵藻的同时，配以各家诗词作为佐证。书页分上下两栏，上栏刻词林典故等，名为《词林典腋》；下栏刻诗韵，沿用清官修韵书《佩文韵府》所用“平水韵”系统编排。该书为初学作诗者提供写作资料，具有小型类书的功能，其刊刻也可称为上乘之作。

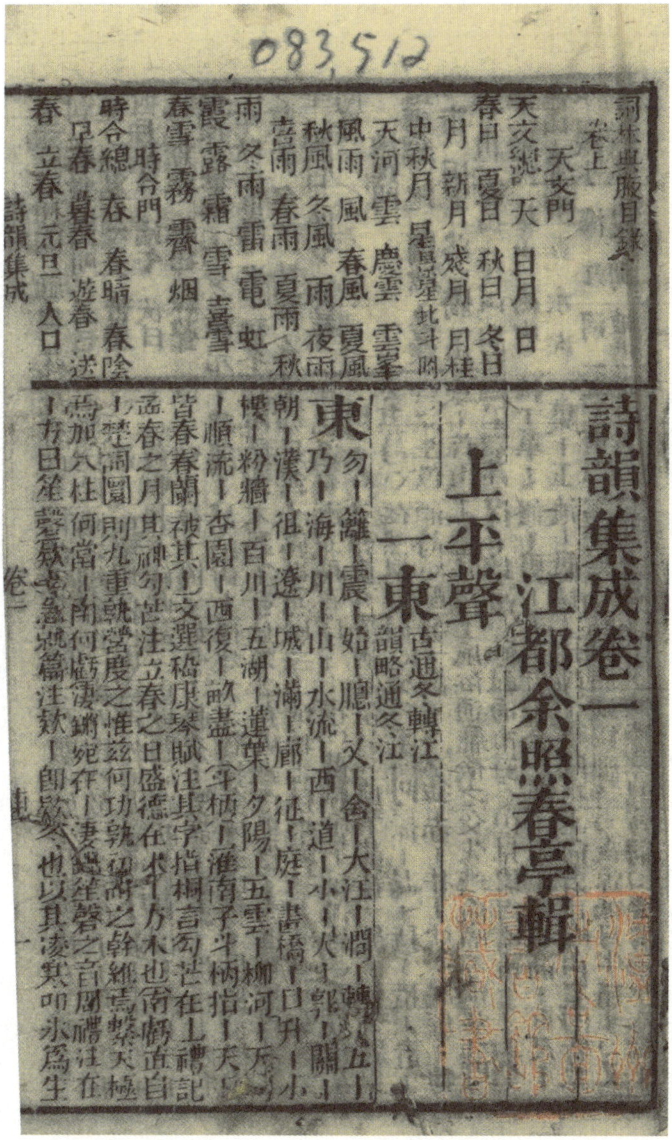

32. 皇清经解续编一千四百三十卷

（清）王先谦总辑

清光绪十四年（1888）北京刻本

《皇清经解续编》又名《南菁书院经解》《续皇清经解》，清王先谦辑。光绪十年（1884）王先谦提督江苏学政时，仿《皇清经解》体例，蒐采乾嘉以后之经学名著，并及乾嘉以前为阮刻《皇清经解》所遗者，而于江阴南菁书院设局汇刊。由王先慎负责编辑，叶维翰、王宾监刻，历时三年成。《皇清经解续编》虽然以《皇清经解》为蓝本，但也有自己的特色。首先对《皇清经解》作拾遗补缺工作，其次是语言研究和考据类著作比重增大，而义理类经著不收，再次是不主门户之见，主张兼收并蓄，为后人研究清代学术文化提供了宝贵的历史文献依据。

王先谦（1842—1917），字益吾，号葵园。湖南长沙人。清同治四年（1865）进士，授翰林院庶吉士。晚年曾任长沙城南书院和岳麓书院院长，是清末湖南颇具影响的学者。

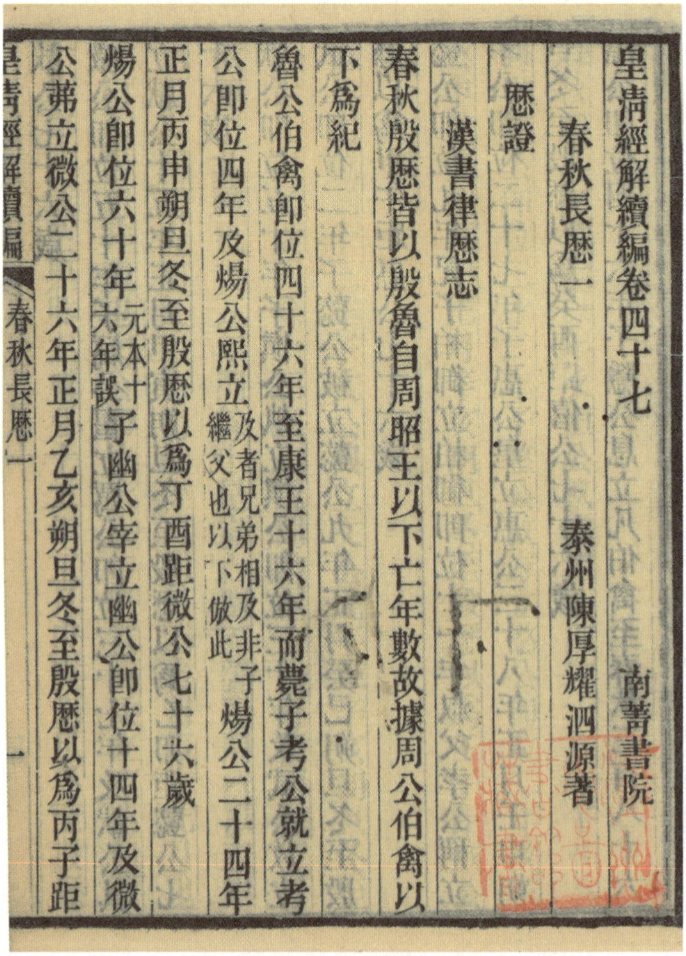
皇清經解續編卷四十七　南菁書院
春秋長歷一　泰州陳厚耀泗源著
歷證
漢書律歷志
春秋殷歷皆以殷魯自周昭王以下亡年數故據周公伯禽以
下爲紀
魯公伯禽卽位四十六年至康王十六年而薨子考公就立考
公卽位四年及煬公熙立及者兄弟相及非子繼父也以下倣此煬公二十四年
正月丙申朔旦冬至殷歷以爲丁酉距微公七十六歲
煬公卽位六十年元本十六年誤子幽公宰立幽公卽位十四年及微
公茀立微公二十六年正月乙亥朔旦冬至殷歷以爲丙子距
皇清經解續編　春秋長歷一　一

33. 小学集解六卷

（清）张伯行辑　（清）李兰汀订

清刻本

《小学集解》是中国祖先集数千年的智慧，总结出的启蒙教材，可谓字字珠玑，语语真训，是做人之道的根基。其书取朱子《小学》内外篇，参会旧注，附以己见。章分句释，援引颇为赅洽，然亦不免于过冗。

张伯行（1651—1725），字孝先，号恕斋，晚号敬庵，河南仪封（今河南兰考）人。清朝大臣，理学家。康熙二十四年（1685）进士，累官至礼部尚书，历官二十余年，以清廉刚直称，其政绩在福建及江苏最为著名。

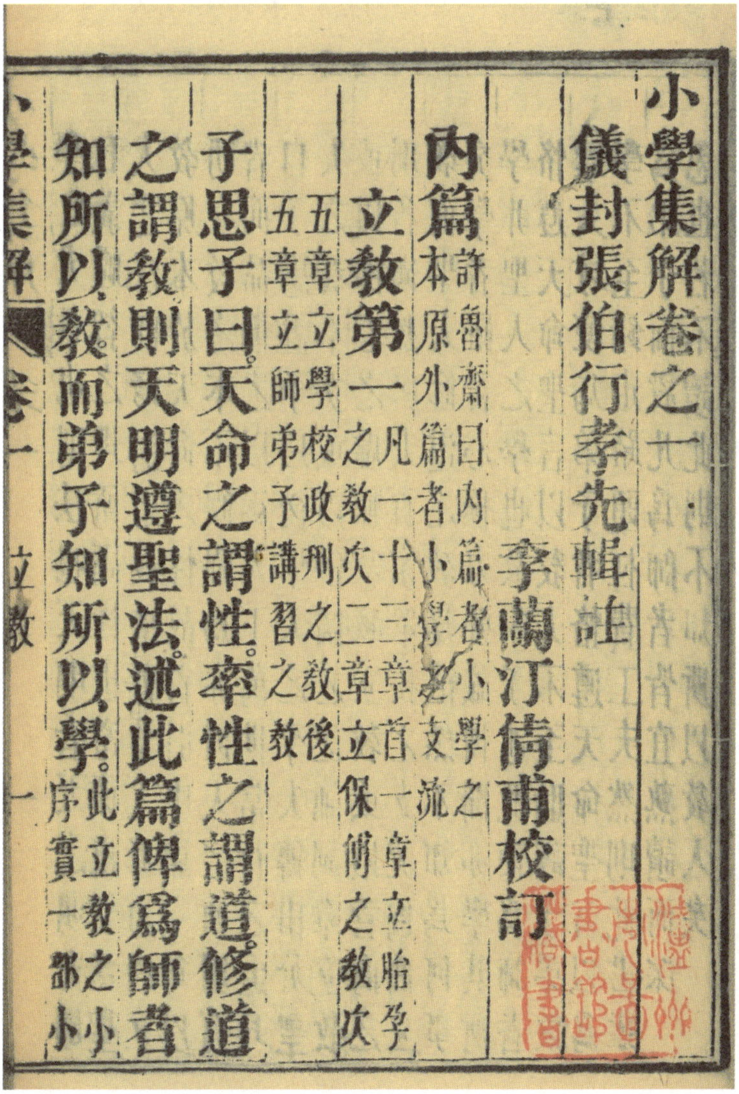

小學集解卷之一

儀封張伯行孝先輯註　李蘭汀倩甫校訂

內篇 許魯齋曰內篇者小學之本原外篇者小學之支流

立教第一 凡一十三章首一章立胎孕之教次二章立保傅之教次五章立學校政刑之教後五章立師弟子講習之教

子思子曰天命之謂性率性之謂道修道之謂教則天明遵聖法述此篇俾爲師者知所以教而弟子知所以學 此立教之小序實一部小

小學集解　卷一　立教　一

34. 音学五书三十八卷

（清）顾炎武撰

清光绪十六年（1890）思贤讲舍刻本

《音学五书》是明末清初的音韵著作，作者是顾炎武。大约成书于 1667 年，全书分音论、诗本音、易音、唐韵正、古音表 5 个部分。《音论》分上中下 3 卷，共 15 篇，论述古音和古音学上的重大问题，集中地阐述了作者对古音学的基本看法，是《音学五书》的总纲。其中重要的有 4 篇：《古人韵缓不烦改字》《古诗无叶音》《古人四声一贯》《先儒两声各义之说不尽然》。

顾炎武（1613—1682），明末清初思想家、史学家，江苏昆山人。二十七岁起，断然弃绝科举帖括之学，撰述《天下郡国利病书》《肇域志》《日知录》《音学五书》等书近五十种。

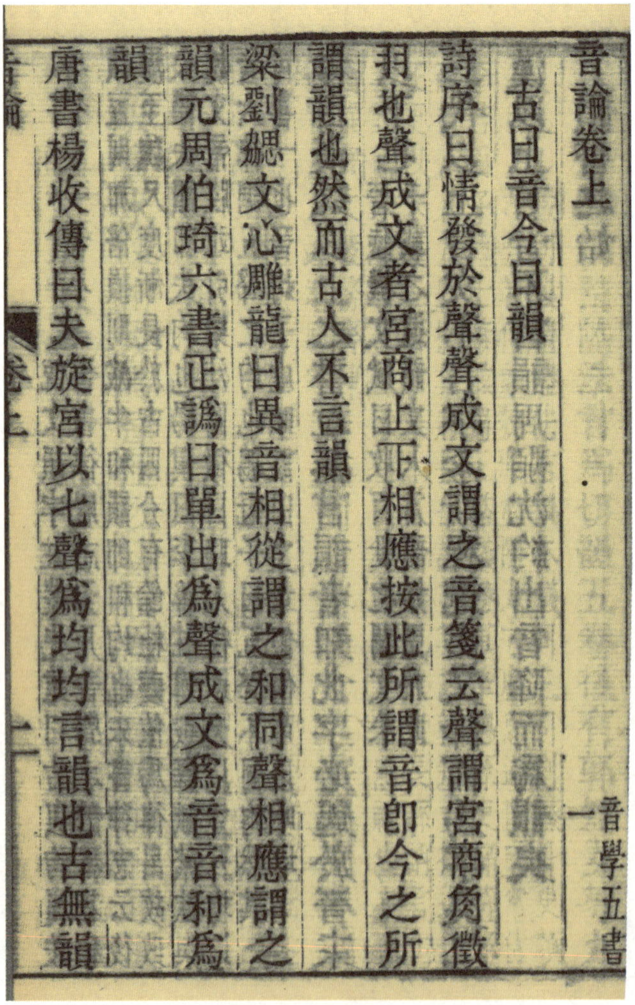
音論卷上

古曰音今曰韻

詩序曰情發於聲聲成文謂之音箋云聲謂宮商角徵羽也聲成文者宮商上下相應按此所謂音卽今之所謂韻也然而古人不言韻

梁劉勰文心雕龍曰異音相從謂之和同聲相應謂之韻元周伯琦六書正譌曰單出爲聲成文爲音音和爲韻

唐書楊收傳曰夫旋宮以七聲爲均均言韻也古無韻

音學五書 一

音論 卷上 一

35. 古学考不分卷

（清）廖平撰

清光绪二十三年（1897）尊经书局刻本

《古学考》，廖平撰，该书的主要论点有：第一，西汉无古学，古学始于刘歆，成于东汉。廖平认为，刘歆作伪之后，才有古文经学，后经古文经师提倡，古文经学才逐渐兴盛。第二，古文四经皆为伪经，而且，刘歆及其弟子还改史书、纬书以助古书。第三，刘歆作伪的目的，一为攻击博士，二为迎合王莽私意。

廖平（1852—1932），初名登廷，字旭陵，号四益；继改字季平，改号四译；晚年更号为六译。四川井研（今四川井研县）人。晚清经学家，一生著述极富，达 120 余种，有代表作《辟刘篇》和《知圣篇》。他是中国近代最著名的经学大师，在中国近代学术界占有极其重要的地位。

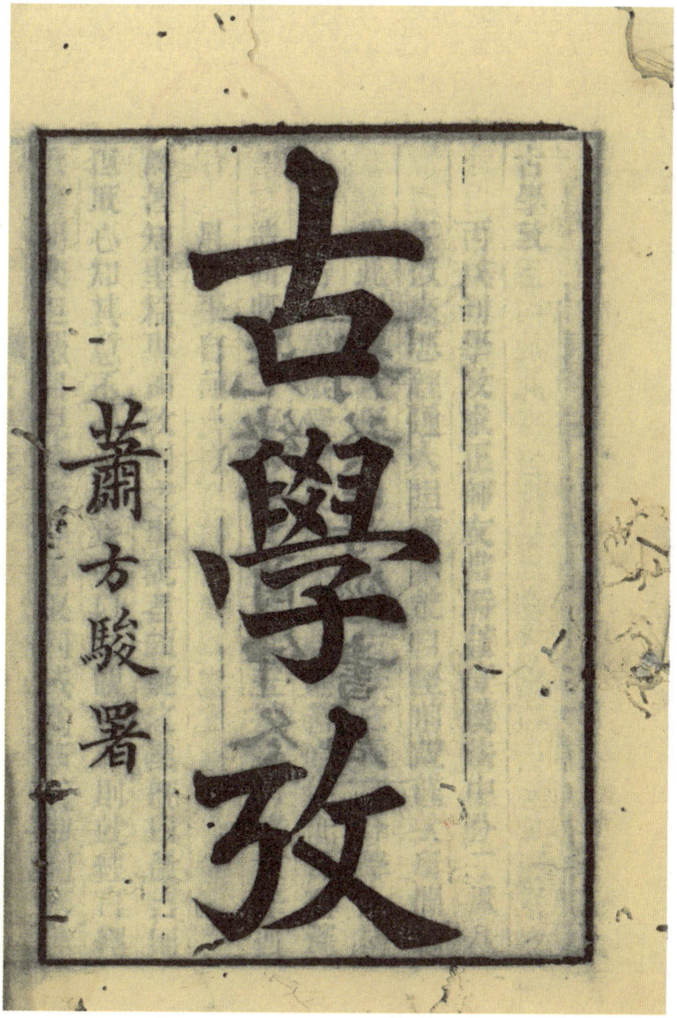

36. 论语集解义疏十卷

（三国魏）何晏撰　（梁）皇侃疏

日本元治元年（1864）日本柳原熹兵卫永刻本

南朝梁皇侃用一家之说，以何晏集解为主，对《论语》一书做了详尽的讲解，撰成《论语集解义疏》十卷。该书的特点主要是以老、庄说解《论语》。南宋时此书亡佚，然因唐朝时有该书旧本传入日本，清乾隆年间又从日本寻回，收进当时所编的《四库全书》中；另外，清代的《古经解汇函》中亦有刻本，这是南朝经疏仅存的一部。

何晏（？—249），字平叔。南阳郡宛县（今河南省南阳市）人。三国时期曹魏大臣、玄学家，东汉大将军何进之孙（一称何进弟何苗之孙）。何晏有文集十一卷，并曾与郑冲等共撰《论语集解》，今已佚。与夏侯玄、王弼等倡导玄学，竞事清谈，遂开一时风气，为魏晋玄学的创始者之一。

皇侃（488—545），一作皇偘，其字不详，吴郡（郡治在今江苏苏州市）人。南朝梁儒家学者，经学家。皇侃另撰有《礼记义疏》《礼记讲疏》《孝经义疏》等，均佚。清马国翰《玉函山房辑佚书》中有辑本。

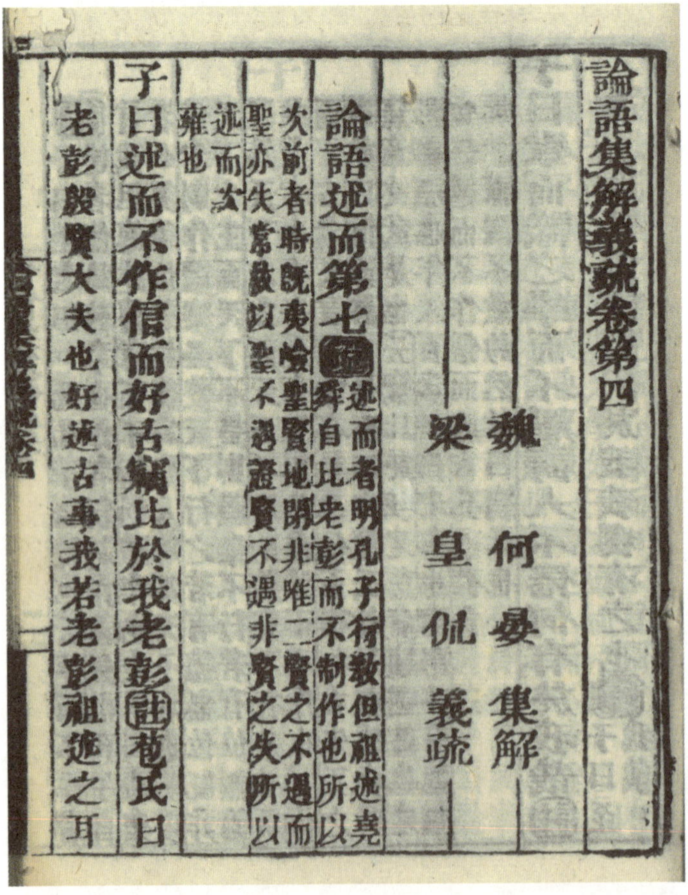

論語集解義疏卷第四

魏　何晏　集解

梁　皇侃　義疏

論語述而第七　疏　述而者明孔子行教但祖述堯舜自比老彭而不制作也所以次前者時既夷嶮聖賢地閉非唯二賢之不遇而聖亦失常故以聖不遇證賢不遇非賢之失所以述而次雍也

子曰述而不作信而好古竊比於我老彭　注　苞氏曰老彭殷賢大夫也好述古事我若老彭祖述之耳

37. 韵补不分卷

（清）顾炎武撰

清光绪九年（1883）邵武徐氏刻本

《韵补》成书于康熙五年（1666），此书以正宋吴棫《韵补》之得失。该书是宋明以来古音学的创始之作，作者根据音训与古韵文以说明古时韵补，认为古人用韵较宽，有古韵通转之说。上补自汉迄宋研究先秦古音之空白，下则影响有清一代之古音研究，故此编实为宋代比较有成就的小学类著作之一，在我国音韵学史上，占据着一定的地位，但此编的缺点亦存在不少。此书对吴书的功过是非，都能尽其所知给予指出订正，态度公允，条理清晰，考订详谨。

顾炎武（1613—1682），本名顾绛，字宁人，人称亭林先生，南直隶昆山（今江苏昆山市）人。明末清初的杰出的思想家、经学家、史地学家和音韵学家，与黄宗羲、王夫之并称为明末清初“三大儒”。顾炎武学问渊博，对于国家典制、郡邑掌故、天文仪象、河漕、兵农及经史百家、音韵训诂之学，都有研究，为清学“开山始祖”。他著有《日知录》《天下郡国利病书》《肇域志》《音学五书》《韵补正》《金石文字记》《亭林诗集》等。

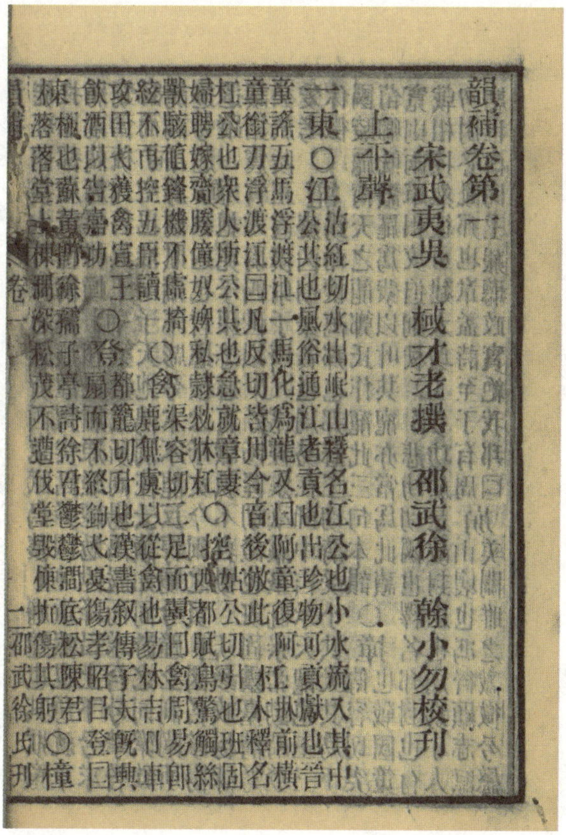
韻補卷第一

宋武夷吳棫才老撰　邵武徐幹小勿校刊

上平聲

38. 古周易二卷

（宋）吕祖谦撰

清退补斋刻本

宋儒所论的《古周易》，即指包括“经”“传”的十二编本。吕氏此作，实际上是为了补正晁说之《录古周易》。书共分为十二篇。此书既为现存，对研究宋代《易》学流派及追述《周易》原貌都有相当高的参考价值。书成后，《宋史·艺文志》载为一卷，《直斋书录解题》作十二卷，乃是以一篇为一卷而致，实并无不同。

吕祖谦（1137—1181），字伯恭，学者称东莱先生，婺州（今浙江金华）人，曾任著作郎兼国变院编修官。他和朱熹、张栻齐名，时称“东南三贤”，为学力主“明理躬行”，治经史以致用，反对空谈阴阳性命之说，开浙东学派先声，为南宋著名的哲学家，文学家，一生著述很多，有《东莱集》《吕氏家塾读书记》《东莱左传博议》等，并编纂《宋文鉴》《古文关键》诸书。

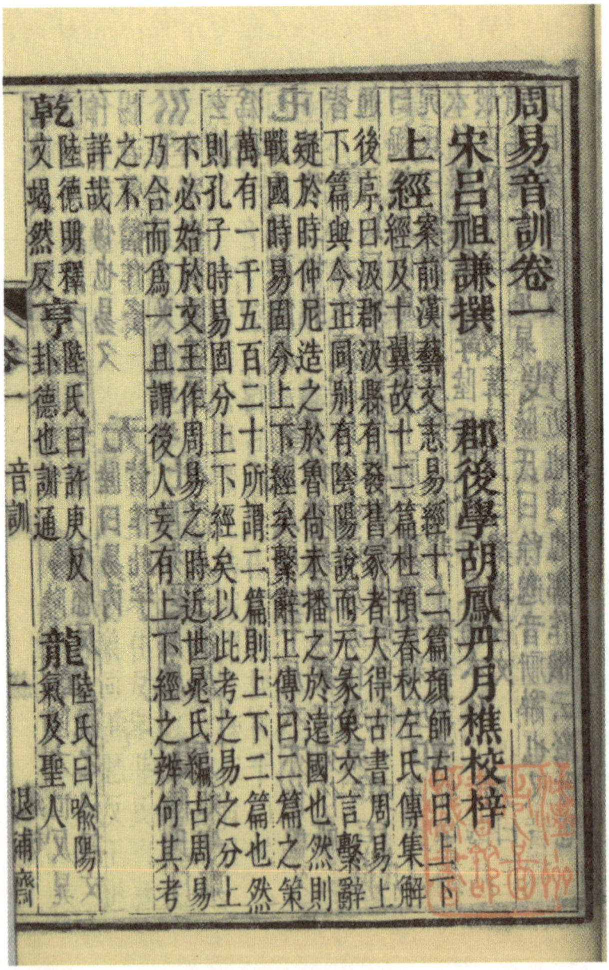
周易音訓卷一

宋呂祖謙撰　郡後學胡鳳丹月樵校梓

上經　案前漢藝文志易經十二篇顏師古曰上下經及十翼故十二篇杜預春秋左氏傳集解後序曰汲郡汲縣有發舊冢者大得古書周易上下篇與今正同別有陰陽說而無彖象文言繫辭疑於時仲尼造之於魯尚未播之於遠國也然則戰國時易固分上下經矣繫辭上傳曰二篇之策萬有一千五百二十所謂二篇則上下二篇也然則孔子時易固分上下經矣以此考之易之分上下必始於文王作周易之時近世晁氏編古周易乃合而爲一且謂後人妄有上下經之辨何其考之不詳哉

乾　陸德明釋文竭然反　亨　陸氏曰許庚反卦德也訓通　龍　陸氏曰喻陽氣及聖人

音訓　一　退補齋

39. 尚书注疏二十卷

（唐）孔颖达疏
清刻本

《尚书注疏》为孔颖达疏。《尚书》又称《书》或《书经》，是我国现存最早的记言体史书，是关于上古时代的政事史料汇编。《尚书》是儒家经书之一，是一部先秦文献汇编，内容以上古及夏、商、西周君臣讲话记录为主。从汉武帝设立五经博士开始，其经书地位从未动摇。此《尚书注疏》由唐孔颖达等疏。全书共二十卷，按朝代分为虞书五篇、夏书四篇、商书十七篇、周书三十二篇。

孔颖达（574—648），字冲远（一作仲达、冲澹），冀州衡水（今河北省衡水市）人。唐初经学家、秦王府十八学士之一，孔子第 31 世孙。贞观年间，历任国子博士、给事中、太子右庶子、散骑常侍，参与修订五礼，编纂《隋书》。孔颖达编纂《五经正义》是集魏晋南北朝以来经学大成的著作。

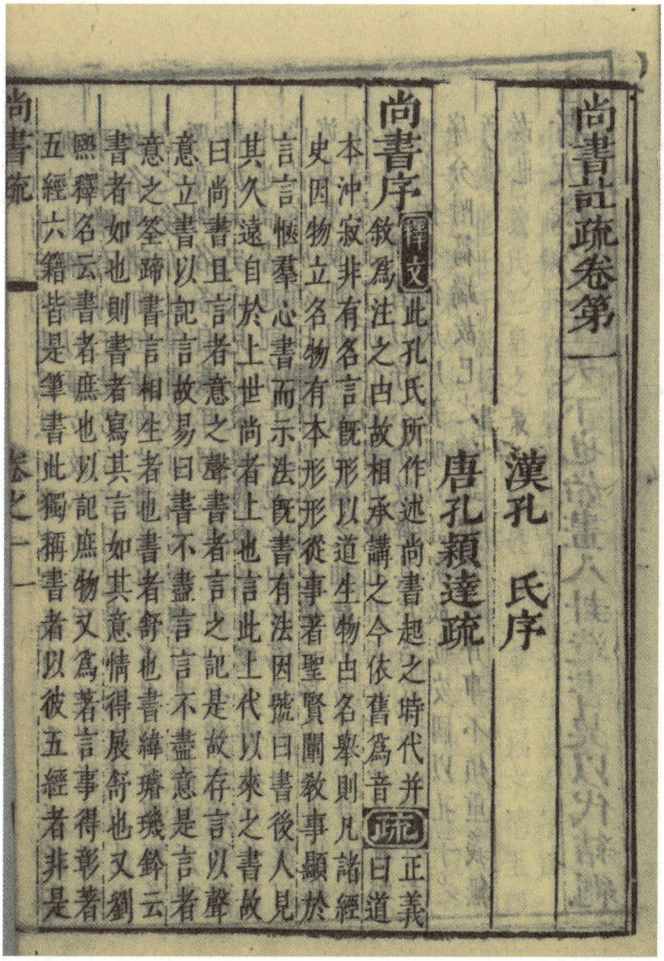
尚書註疏卷第一
漢孔　氏序
唐孔穎達疏
尚書序【釋文】此孔氏所作述尚書起之時代并敘爲注之由故相承講之今依舊爲音【疏】正義曰道
本冲寂非有名言既形以道生物由名舉則凡諸經
史因物立名物有本形形從事著聖賢闡教事顯於
言言愜羣心書而示法既書有法因號曰書後人見
其久遠自於上世尚者上也言此上代以來之書故
曰尚書且言者意之聲書者言之記是故存言以聲
意立書以記言故易曰書不盡言言不盡意是言者
意之筌蹄書言相生者也書者舒也書緯璿璣鈐云
書者如也則書者寫其言如其意情得展舒也又劉
熙釋名云書者庶也以記庶物又爲著言事得彰著
五經六籍皆是筆書此獨稱書者以彼五經者非是
尚書疏　卷之一

40. 四书反身录八卷

（清）李颙撰　（清）王心敬辑

清咸丰元年（1851）蒋氏小嫏嬛山馆刻本

《四书反身录》是清代李颙撰写的儒家著作，由其门生王心敬编辑成书。《四书反身录》一共八卷，其中《大学》一卷，《中庸》一卷，《论语》四卷，《孟子》二卷。本书是作者教人读四书反身实践，知行合一，注重实践和伦理道德。对现代教育和传统文化的研究具有重要的意义。

李颙（1627—1705），字中孚，号二曲，明末清初周至人，明清之际哲学家，与浙江余姚黄宗羲、直隶蓉城孙奇逢并称为海内三大鸿儒。李颙在理学上的造诣颇深，被称为“海内大儒”。

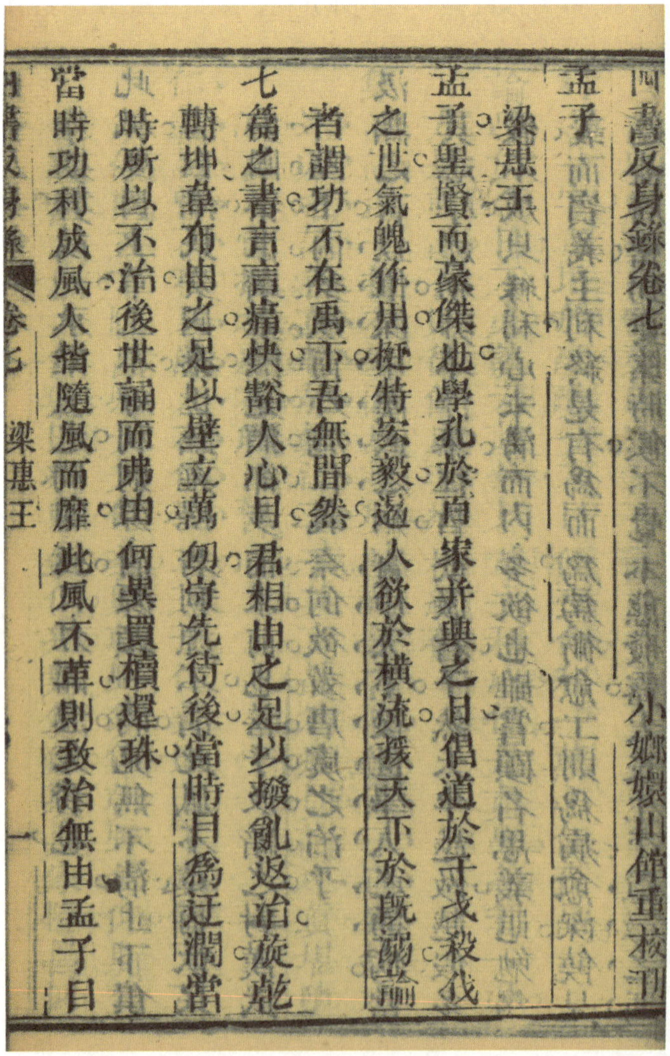

四書反身錄卷七　小嫏嬛山館重校刊

孟子

梁惠王

孟子聖賢而豪傑也學孔於百家并興之日倡道於干戈殺伐之世氣魄作用挺特宏毅遏人欲於橫流援天下於既溺論者謂功不在禹下吾無間然

七篇之書言言痛快豁人心目君相由之足以撥亂返治旋乾轉坤韋布由之足以壁立萬仞守先待後當時目爲迂濶當時所以不治後世誦而弗由何異買櫝還珠

當時功利成風人皆隨風而靡此風不革則致治無由孟子目

四書反身錄　卷七　梁惠王　一

41. 六书音均表五卷

（清）段玉裁撰

清同治十一年（1872）湖北崇文书局刻本

《六书音均表》是一部研究汉语上古音的著作，清代段玉裁著。全书由五个表构成，书名叫“表”，实际上并不是单纯的表，前四表都有论述和说解，提出了一些很有价值的古音学见解；表五目的、形式跟表四相同，列出的是《诗经》以外的经书（包括《楚辞》）中的押韵字。他继承了顾炎武、江永的研究成果，并且加以发展，分古韵为 17 部，跟顾炎武、江永相比，他又多分出 4 部，是段玉裁对古音学研究成果最精练的概括，为研究古代音学提供了重要的历史文献。

段玉裁（1735—1815），清代文字训诂学家、经学家，字若膺，号懋堂，晚年又号砚北居士，长塘湖居士，侨吴老人，江苏金坛人，龚自珍外公。

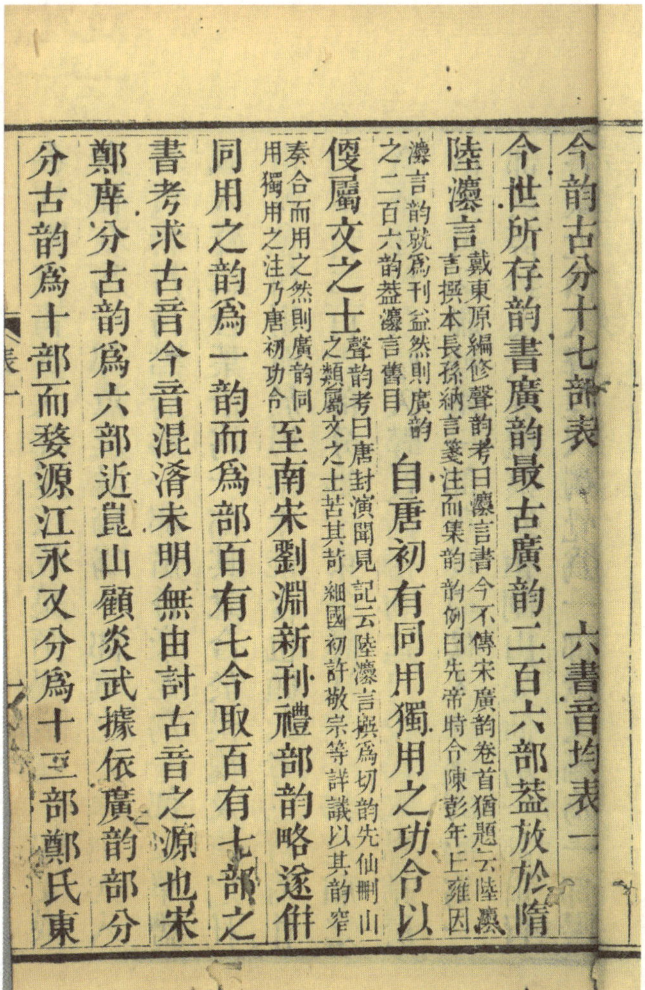
今韵古分十七部表　六書音均表一
今世所存韵書廣韵最古廣韵二百六部葢放於隋
陸灋言戴東原編修聲韵考曰灋言書今不傳宋廣韵卷首猶題云陸灋言撰本長孫納言箋注而集韵韵例曰先帝時令陳彭年丘雍因
灋言韵就爲刊益然則廣韵之二百六韵葢灋言舊目自唐初有同用獨用之功令以
便屬文之士聲韵考曰唐封演聞見記云陸灋言撰爲切韵先仙刪山之類屬文之士苦其苛細國初許敬宗等詳議以其韵窄
奏合而用之然則廣韵同用獨用之注乃唐初功令至南宋劉淵新刊禮部韵略遂併
同用之韵爲一韵而爲部百有七今取百有七部之
書考求古音今音混淆未明無由討古音之源也宋
鄭庠分古韵爲六部近崑山顧炎武據依廣韵部分
分古韵爲十部而婺源江永又分爲十三部鄭氏東
表一

42. 说文逸字辨证二卷

（清）郑珍原本　（清）李桢辨证

清光绪二十一年（1895）畹兰室刻本

《说文逸字辨证》，郑珍撰。该书是“说文学”史上第一部逸字研究著作，它博观约取，荟萃众说，自行增补逸字，多所创获，代表了逸字研究的最高成就，是探讨逸字、校勘《说文》的重要参考著作。

郑珍（1806—1864），字子尹，晚号柴翁，别号子午山孩、五尺道人、且同亭长，贵州遵义人，清代官员、学者。

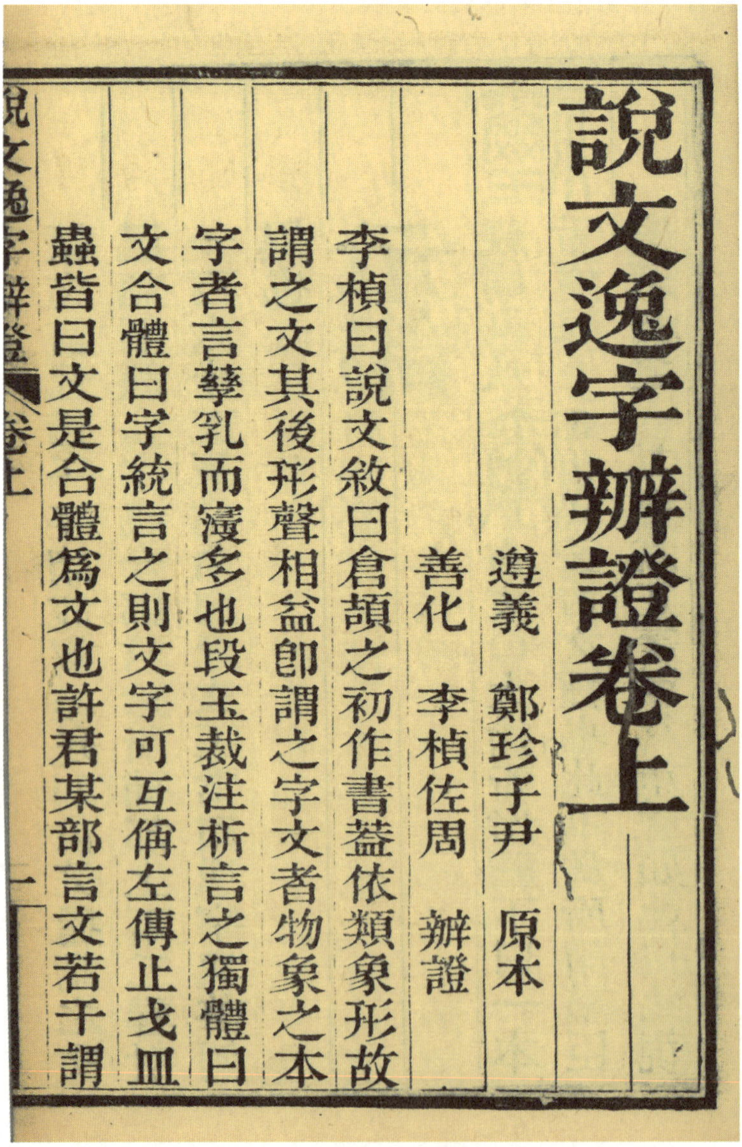

說文逸字辨證卷上

遵義　鄭珍子尹　原本

善化　李楨佐周　辨證

李楨曰說文敘曰倉頡之初作書蓋依類象形故謂之文其後形聲相益卽謂之字文者物象之本字者言孳乳而寖多也段玉裁注析言之獨體曰文合體曰字統言之則文字可互偁左傳止戈皿蟲皆曰文是合體爲文也許君某部言文若干謂

說文逸字辨證　卷上　一

43. 事物原会四十卷

（清）汪汲葵录

清嘉庆元年（1796）古愚山房刻本

《事物原会》清朝汪汲葵编，汪伋葵汇集隋代谢昊《物始》，唐代刘孝孙、房懋德《事始》，朱绘《事原》，明代罗欣《物原》各书，增补了清朝皇制，与经、史、子、集互相考核，删繁就简，补缺拾遗，合编而成。本书总计有 2 006 目，每一目下，辑录各书关于事物起源的记载，并注明出处。该书资料丰富、全面。按照条目序列来看，有天地、时令、政制、礼俗以及器物等，分类清晰。本书收入《古愚老人消夏录》。

汪汲葵自号海洋竹林人、古愚老人，今安徽人。

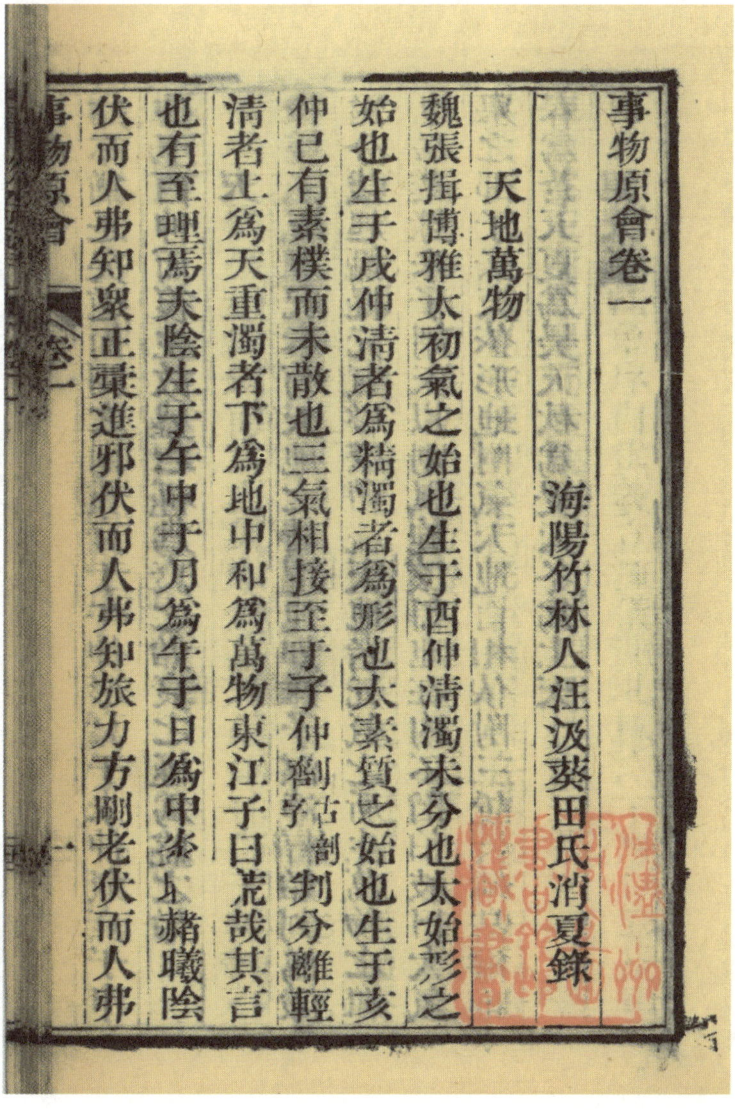

事物原會卷一

海陽竹林人汪汲葵田氏消夏錄

天地萬物

魏張揖博雅太初氣之始也生于酉仲清濁未分也太始形之始也生于戌仲清者爲精濁者爲形也太素質之始也生于亥仲已有素樸而未散也三氣相接至于子仲剖古剖字判分離輕清者上爲天重濁者下爲地中和爲萬物東江子曰荒哉其言也有至理焉夫陰生于午中于月爲午于日爲中[illegible]赭曦陰伏而人弗知衆正稟進邪伏而人弗知旅力方剛老伏而人弗

事物原會　卷一　一

44. 经籍籑诂一百六十卷

（清）阮元撰

清嘉庆十七年（1812）刻本

《经籍籑诂》，清浙江督学、巡抚阮元撰。他为提倡考据之学，时任巡抚期间，创办诂经精舍，讲学授徒，汇聚众生，合著而成 160 卷。此书为后世研究徽派朴学提供了重要的历史资料，具有较高的历史文献价值。

阮元（1764—1849），字伯元，号芸台、雷塘庵主，晚号怡性老人，江苏仪征人。历任乾隆、嘉庆、道光三朝阁老，九省疆臣，著作家、刊刻家、思想家，誉为一代文宗。

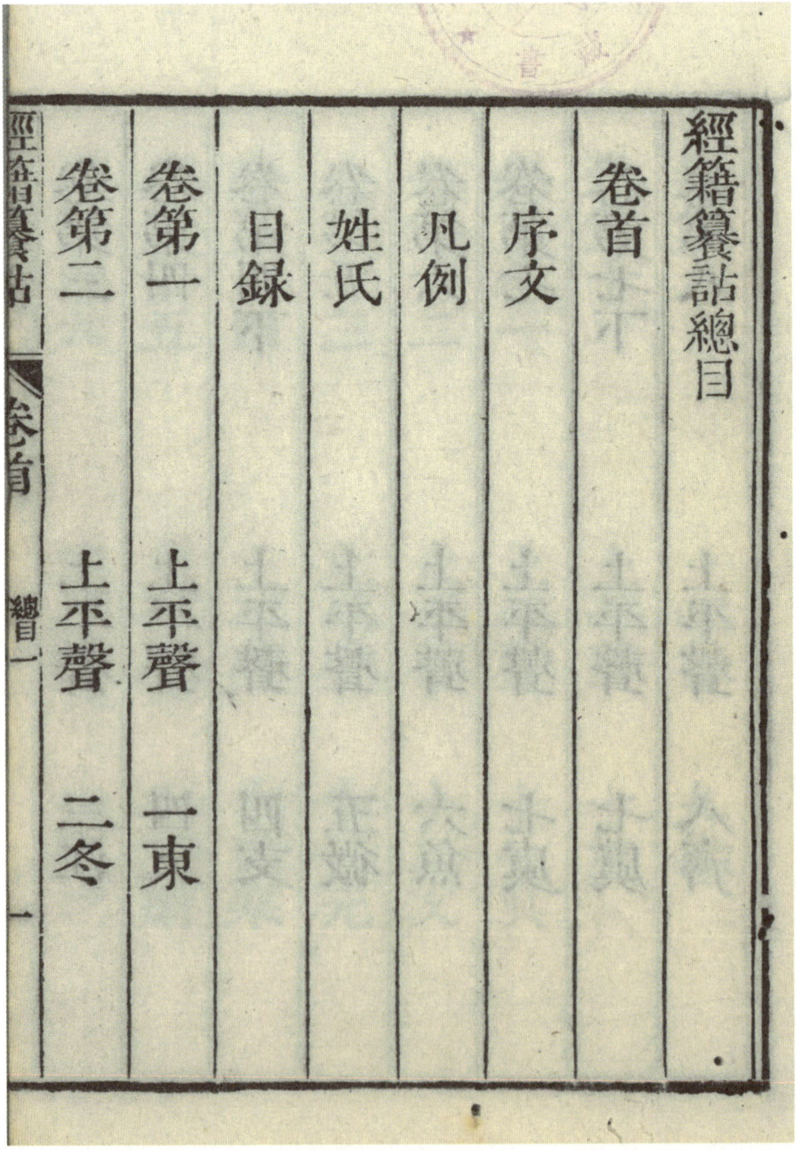
經籍籑詁總目

卷首

序文

凡例

姓氏

目録

卷第一　上平聲　一東

卷第二　上平聲　二冬

經籍籑詁　卷首　總目　一

45. 尔雅初学读本十一卷

（晋）郭璞注

民国十三年（1924）吴江施氏醒园刻本

《尔雅初学读本》，晋郭璞注。他博学多才，不但擅长文学，还精通阴阳术学、历法算学。他收集各种见闻，汇集新旧说法，考察全国语言，采集歌谣俗语，并借鉴樊光、孙炎等对《尔雅》的旧解，做出更通俗易懂的注解。该书引用大量例证，用描写的方式和当时的语言，对《尔雅》中的动植物名称进行生动鲜活的解释。此书不但为《尔雅》做了丰实的注解说明，还为我国古代博物学开创了路径。

郭璞（276—324），字景纯，山西闻喜人，被誉为“中兴之冠”，著名的文学家、训诂家。

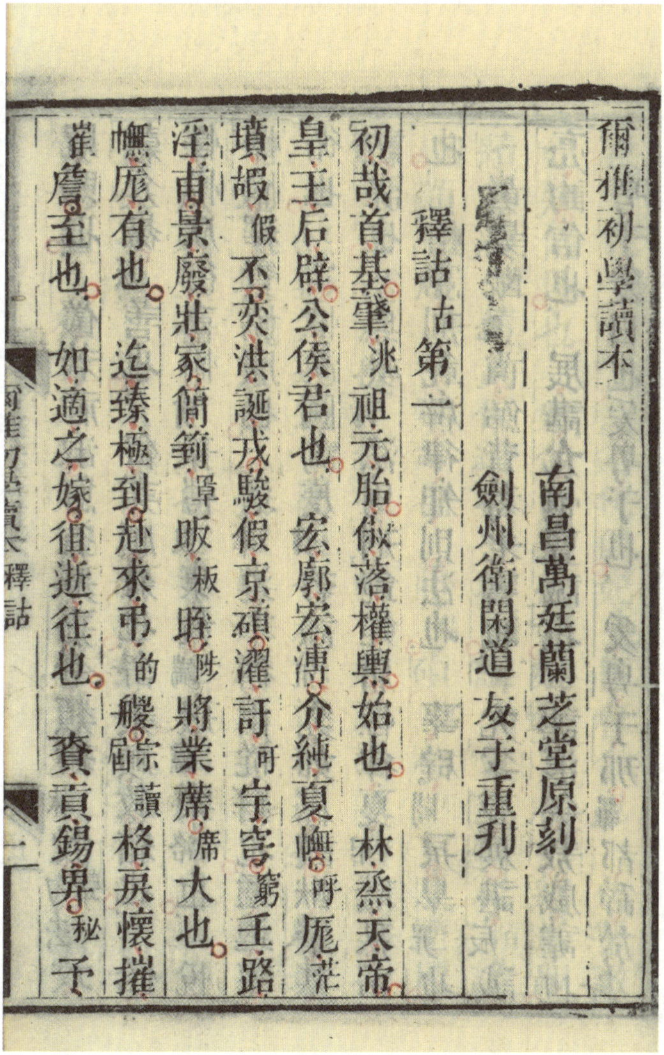
爾雅初學讀本

南昌萬廷蘭芝堂原刻

劍州衛閑道友于重刊

釋詁古第一

初哉首基肇兆祖元胎俶落權輿始也 林烝天帝

皇王后辟公侯君也 宏廓宏溥介純夏幠呼厖茫

墳嘏假丕奕洪誕戎駿假京碩濯訏可宇穹窮壬路

淫甫景廢壯冢簡箌罩昄板晊陟將業蓆席大也

幠厖有也 迄臻極到赴來弔的艐宗屆讀格戾懷摧

崔詹至也 如適之嫁徂逝往也 賚貢錫畀秘予

爾雅初學讀本 釋詁 一

46. 钦定礼记义疏二十二卷首一卷

（清）鄂尔泰等撰

清光绪三十年（1904）上海育文书局石印本

《钦定礼记义疏》是在乾隆皇帝主持下，鄂尔泰等编纂的。本书是《三礼义疏》中的第三部，是研究《礼记》的集大成者，约 155 万字，有《礼器图》255 幅。该书共征引历代礼说 265 家，依正义、通论、余论、总论、存疑、存异、辨正七大义例进行分类编排。其诠释七例和《钦定周官义疏》相同，广采百家说《礼》，旁征博引，依照宋儒之学，对于郊社、乐舞、裘冕、车旗、尊彝、飨食等进行一一辩订，以补郑注所未备，把《礼记》研究推向了最高境界。

鄂尔泰（1677—1745），西林觉罗氏，字毅庵，满洲镶蓝旗人。清朝中期名臣，国子祭酒鄂拜之子，与田文镜、李卫并为雍正帝心腹。

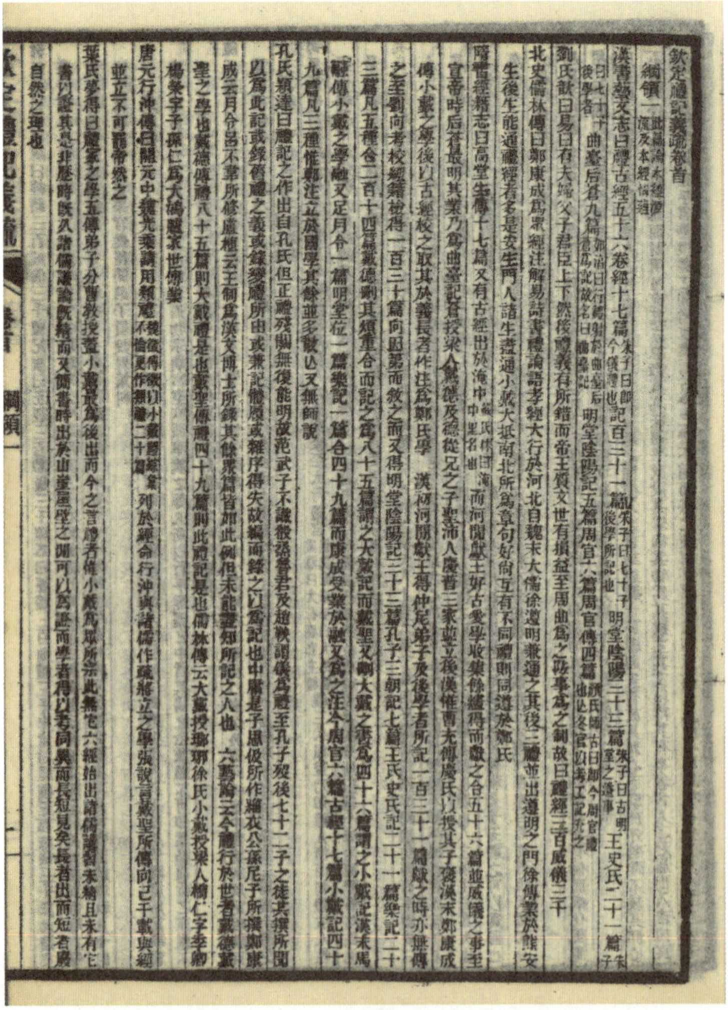
欽定禮記義疏卷首

47. 论语补疏三卷

（清）焦循撰

清刻本

《论语补疏》为清焦循撰，他博闻强记，在经史、历算、声韵、训诂、方志、医学等众多学识方面都深有研究，用功最深的是《周易》《论语》《孟子》三书。焦循补疏者有《周易》《尚书》《毛诗》《左传》《礼记》等，合为《六经补疏》，本书为其中之一种，并经阮元刻入《皇清经解》。书中焦循阐述的人伦道德、政治思想，简洁又深奥，给人以启发、思考。

焦循（1763—1820），字理堂，一字里堂，江苏扬州黄珏镇人。哲学家、数学家、戏曲理论家。嘉庆举乡试，与阮元齐名。

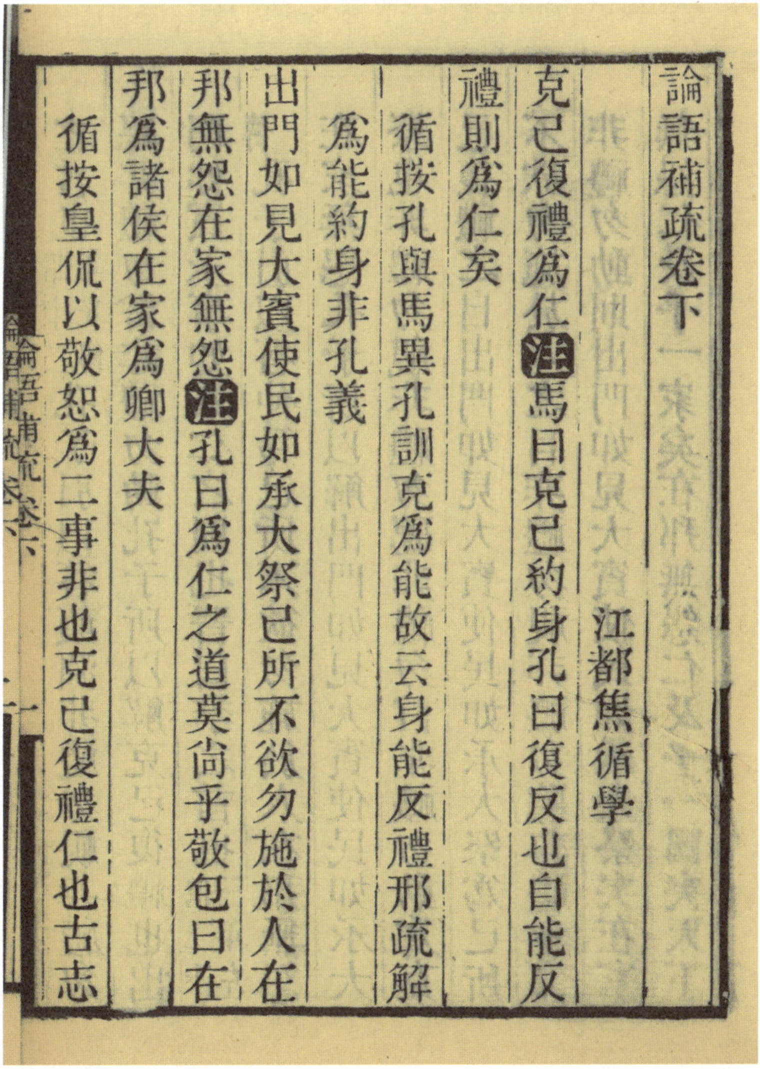
論語補疏卷下

江都焦循學

克己復禮爲仁注馬曰克己約身孔曰復反也自能反禮則爲仁矣

循按孔與馬異孔訓克爲能故云身能反禮邢疏解爲能約身非孔義

出門如見大賓使民如承大祭己所不欲勿施於人在邦無怨在家無怨注孔曰爲仁之道莫尚乎敬包曰在邦爲諸侯在家爲卿大夫

循按皇侃以敬恕爲二事非也克己復禮仁也古志

論語補疏卷下

48. 说文广义三卷

（清）王夫之撰

清同治四年（1865）金陵湘乡曾氏刻本

《说文广义三卷》，王夫之撰，收入《船山著述目录》。编辑内容体例方法自成一家，特色鲜明。补脱落，辨流俗，审字音，全面匡正时俗字弊，经世致用，对今天的文字规范的形成具有积极意义，在《说文》研究历史上具有重要的地位。

王夫之（1619—1692），字而农，号姜斋、又号夕堂，今湖南衡阳人。是明清之际的伟大爱国主义者、进步思想家。永历十一年（1657）以前，为抗清复明，民族节义而崎岖奔波，甚至改姓隐名，在山中东躲西藏，过着久无宁日的流亡生活。直至事不可为，遂专一闭门课徒著书，自署船山病叟、南岳遗民，学者遂称之为船山先生。王夫之与顾炎武、黄宗羲并称明清之际三大思想家。

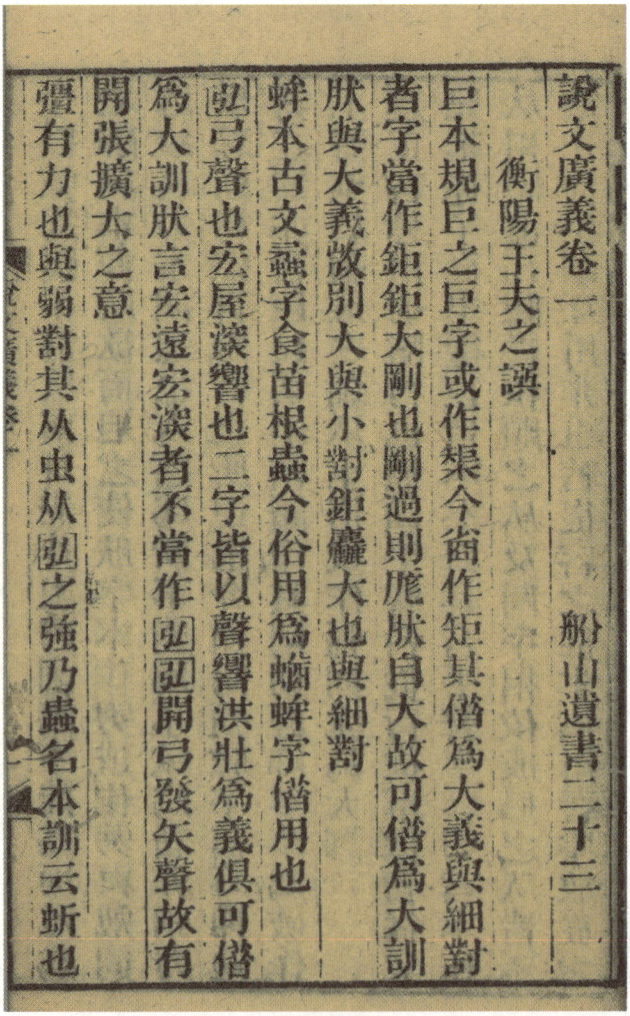
說文廣義卷一　船山遺書二十三
衡陽王夫之譔
巨本規巨之巨字或作榘今甯作矩其借爲大義與細對
者字當作鉅鉅大剛也剛過則彪肰自大故可借爲大訓
肰與大義敵別大與小對鉅麤大也與細對
蛘本古文䖵字食苗根蟲今俗用爲蝤蛘字借用也
弘弓聲也宏屋深響也二字皆以聲響洪壯爲義俱可借
爲大訓肰言宏遠宏深者不當作弘弘開弓發矢聲故有
開張擴大之意
彊有力也與弱對其从虫从弘之強乃蟲名本訓云蚚也

49. 春秋繁露十七卷

（汉）董仲舒著

清光绪二十年（1894）艺文书局刻本

《春秋繁露》，汉董仲舒撰。阐述了以阴阳五行、天人感应为核心的哲学、神学理论，宣扬“性三品”的人性论、“王道之三纲可求于天”的伦理思想及赤黑白三统循环的历史观，即所谓的君为臣纲，父为子纲，夫为妻纲的“三纲”。并把“仁、义、礼、智、信”五种封建道德伦理规范，与金、木、水、火、土之五行相比附，则为“五常”。“三统”与“三正”实际上是董仲舒的历史观，为汉代中央集权的封建统治制度奠定了理论基础。

董仲舒（前179—前104），广川（今河北枣强）人，西汉哲学家，今文经学大师，专治《春秋公羊传》。曾任博士、江都相和胶西王相，汉武帝举贤良文学之士，著《春秋繁露》十七卷和《董子文集》。

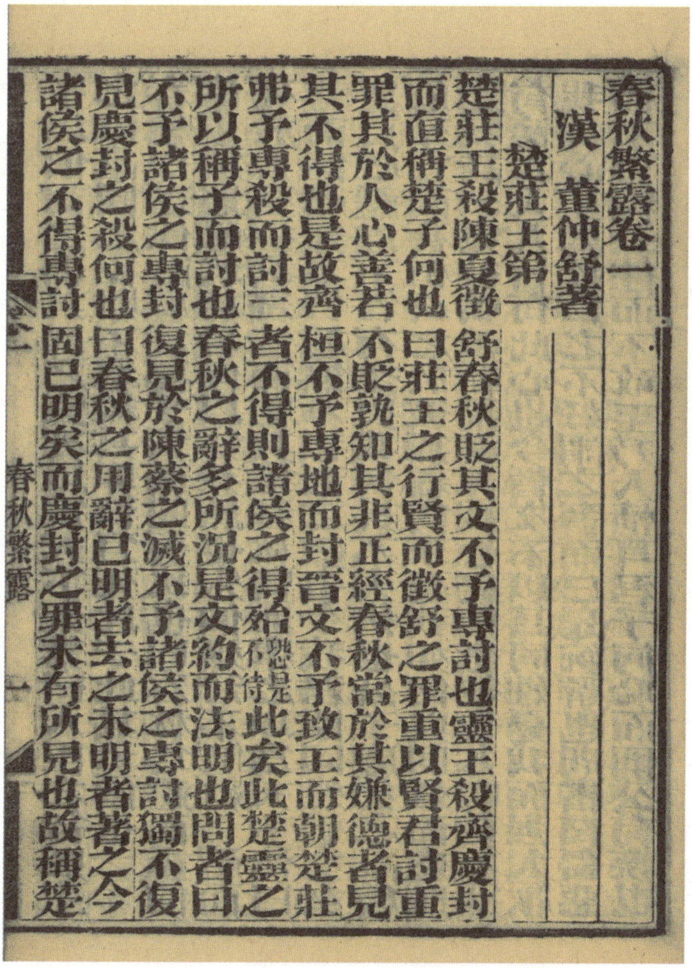
春秋繁露卷一

漢　董仲舒著

楚莊王第一

楚莊王殺陳夏徵舒春秋貶其文不予專討也靈王殺齊慶封而直稱楚子何也曰莊王之行賢而徵舒之罪重以賢君討重罪其於人心善若不貶孰知其非正經春秋常於其嫌得者見其不得也是故齊桓不予專地而封晉文不予致王而朝楚莊弗予專殺而討三者不得則諸侯之得殆（毖是不待）此矣此楚靈之所以稱子而討也春秋之辭多所況是文約而法明也問者曰不予諸侯之專封復見於陳蔡之滅不予諸侯之專討獨不復見慶封之殺何也曰春秋之用辭已明者去之未明者著之今諸侯之不得專討固已明矣而慶封之罪未有所見也故稱楚

春秋繁露　卷一　一

50. 契学概论不分卷

（清）陈晋著

民国二十二年（1933）影印本

《契学概论》又名《龟甲骨文概论》，对龟甲骨文字的研究探索始于二十世纪初期刘鹗的《铁云藏龟》，继之孙冶让、罗振玉、王国维、郭沫若等人纷纷著书立说，将龟甲骨文字研究推向一个高潮。同时期，本书作者陈晋嗜治医学，融贯中西医学之道，继而研究考证龟甲骨文数年，在前人的基础上编著《龟甲文字概论》十章，概述龟甲骨文字出土时代地域，文字典礼制度风俗，帝王世系人名地理，引用前人著书三十余种，有继承，有创新，弥足珍贵。本书根据 1933 年中华书局版本影印，供研究龟甲骨文字者学习、借鉴。

陈晋，民国初期，研究甲骨文著名专家，对甲骨文研究，在前人基础上，有继承、有创新。

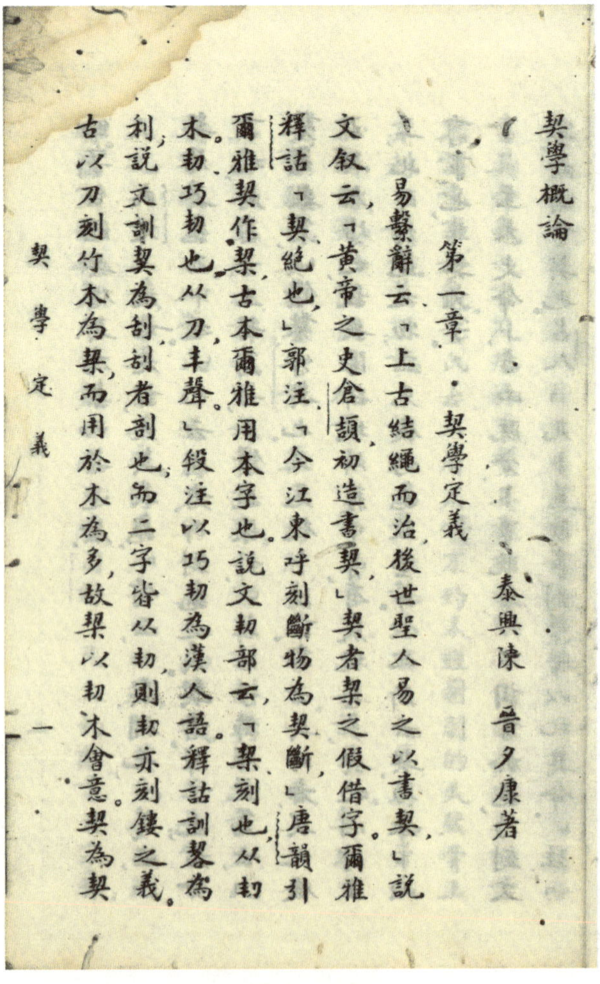

契學概論

秦興陳晉夕康著

第一章 契學定義

易繫辭云「上古結繩而治，後世聖人易之以書契。」說文敘云「黃帝之史倉頡初造書契。」契者栔之假借字。爾雅釋詁「契，絕也。」郭注「今江東呼刻斷物為契斷。」唐韻引爾雅契作栔，古本爾雅用本字也。說文韧部云「栔，刻也。从韧木。韧，巧韧也。从刀丰聲。」段注以巧韧為漢人語。釋詁訓契為利，說文訓契為刮，刮者剖也。而二字皆从韧，則韧亦刻鏤之義。古以刀刻竹木為契，而用於木為多，故栔从韧木會意。契為契

契學定義 一

三

馆藏古籍（经部）索引